촘스키,
인간이란 어떤 존재인가

촘스키, 인간이란 어떤 존재인가

이 시대 최고 지성 촘스키의
인간에 대한 네 가지 질문

노엄 촘스키 지음 · 구미화 옮김 · 조숙환 감수

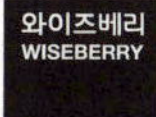

촘스키의 명쾌하고 흥미로운 인간론의 정수

《촘스키, 인간이란 어떤 존재인가What Kind of Creatures Are We?》에서 촘스키는 인간의 마음mind에 대한 심리실재성psychological reality의 핵심을 개괄적으로 논의하고 있다. 이 이론에서 '마음'은 인간의 언어와 인지구조이며, '심리실재성'은 본성적innate, 심성적mental 내적 언어(I-언어)의 사실주의를 의미한다. 촘스키의 심성주의mentalism는 스키너Skinner(1957)의 언어적 행동verbal behavior을 신랄하게 비판하는 서평에서 처음으로 천명되었으며, 경험주의가 막을 내리면서, 급기야 현대 언어학, 인지과학의 토대와 핵심적 얼개를 구축하게 되었다. 이 책은 다른 책과 달리, 촘스키가 자신의 이론을 펼치는 데 있어, 인간을 추상적인 본유적 지식체로서뿐만 아니라, 사회와 정치 구조에서 실시간으로 영향 받으며 살고 있는 생명체로서의 두 면모를 동시에 다루고 있는 점이 괄목할 만하다.

1959년 이래, 촘스키와 촘스키 학파는 인간의 언어지식competence에 대하여 변형생성문법에서 지배결속이론government-binding theory으로, 그리고 다시 최소주의minimalism 등으로 수정된 바 있으나, 심성주의는 20세기 전반의 경험주의empiricism를 무너뜨린 인지적 혁명cognitive revolution으로서 여전히 언어학, 언어철학, 심리학 등 인지과학 제반 연구의 주목을 가장 크게 받고 있는 이론 중의 하나다.

촘스키는 이 책에서 심성주의를 요약하고 재검토한다. 1장에서 4장에 이르기까지 내직 인어, 인간 인지의 실명직 한계, 사회직 동물로서의 인간의 창의성과 공공선의 문제, 마음 이론의 미해결성 문제를 구체적으로 논의한다. 이런 문제는 플라톤의 '자극의 빈곤성', 데카르트의 인간의 '창의성creativity', 러셀의 물리적 환원주의의 실패에 대한 관점 등으로 집약될 수 있다.

1장에서 촘스키는 인간의 마음을 I-언어로 규명한다. 즉 이 이론에서 인간의 언어 구조는 무의식적으로 습득되는 선천적 지식competence으로서 명사, 동사, 구, 음소, 음, 형태소 등 본성적 언어 성분 요소들이 상호 간에 병합merge의 구조로 내재되는데, 이것은 오롯이 통사 구조로 설명되어야 한다. 예를 들면, "Instinctively, eagles that fly swim"에서 부사 'instinctively'는 동사 'fly,' 'swim' 중 오

감수의 글

직 'swim'만을 수식할 수 있는데, 이것은 통사적 구조의 독립성을 증명한다. 사실 의미적으로 볼 때, '날기'와 '헤엄치기' 등 두 동작은 모두 본능적 능력으로 풀이될 수 있는 반면, 이 문장에서 부사는 오히려 좀 더 먼 곳에 위치한 'swim'만을 수식해야 올바른 통사 구조로 인식된다는 점을 주목해야 한다는 것이다. 통사 구조적으로 'eagles that fly'는 하나의 독립적인 절로서, 이 절에 쓰인 언어 성분들은 서로 해체될 수 없고, 부사 'instinctively'는 오직 'swim'과의 병합만이 가능하다. 촘스키 이론에서 이 통사적 특징은 '구조 의존성structure-dependence'으로 설명하며, 이 통사 구조적 특징은 인간 언어에 보편적으로 존재하는 생득적 언어 지식의 근간을 이룬다.

1장에서 논의되어 있듯이, 본성적 I-언어 이론은 외적 언어(E-언어)와 대조되는 개념으로서 플라톤의 자극의 빈곤성에서 비롯되었다. E-언어는 인간의 언어 수행performance을 의미하는 개념이고, 담화 상황에 따라 사용될 때마다 다변화하는 문법적으로 적합하거나 부적합한 언어 형태나 실시간으로 말하고 이해하고 쓰는 과정에서 관찰되는 다양한 언어 행동 등을 포함한다. 이 두 개념은 촘스키가 이미 1965년에《통사론의 여러 측면Aspects of the Syntactic Theory》에서 지식-수행competence-performance의 대비로 설명한 바 있다. 언어 지식은 매우 추상적이고 복잡다단한 연산이 요구되는데, 인간은 생후 48개월 전후에 이미 언어 능력이 대부분 습득된다는 사실을 근거로

촘스키, 인간이란 어떤 존재인가

하여, 촘스키는 인간의 언어 습득을 적합하게 설명하기에는 세상의 경험은 질적으로 빈곤하여 역부족이라고 천명했다(촘스키, 1965, 1981, 1995, 2000). 이 자극의 빈곤성을 근거로, 촘스키는 4장에서 인간의 언어는 오직 I-언어로 설명되어야 한다고 거듭 강조한다.

　I-언어의 본성적 보편주의는 마음-몸 일원적 사고로서, 데카르트의 이원론과 대조적인데, 촘스키는 심성적 사실주의가 경험적 자료로 설명하기 어려움을 이론적으로 논의한다. 1장과 2장에서는 부분적으로 신경과학적 실험 자료가 의식consciousness의 문제에 대해 무엇을 긍정적으로 제시하는지를 언급한 반면, 책의 후반부에서는 물리적 환원주의에 대한 회의를 거듭 언급하고 있다. 가령 브로카 영역Broca's area과 언어 본능 간의 관계를 다루었던 한 연구에서 인간의 두뇌가 보편문법적 언어 구조와 부적합한 구조에 대해 질적으로 서로 다른 반응을 보인 점을 구체적으로 인용하면서, 궁극적으로는 1세기 전 과학에서의 환원주의가 인지과학으로 도래될 것을 우려한다. 이것은 급속도로 팽창하고 있는 신경과학이 아직도 미진하여, 위의 사례를 든다면, 부사 'instinctively'가 두뇌에서 실시간적으로 어떻게 'swim'과 병합되고 결속되어 궁극적으로 문장이 이해되는지 설명이 부재하다는 점과 관련 있어 보인다. 이러한 경험 자료적 문제점은 3장과 4장에서 역설되어 있는데, 3장은 데카르트가 제시했던 인간의

창의적 능력과 공동선의 문제로, 4장은 과학철학의 논의로서 보다 이론적인 접근이 시도되어 있다.

촘스키의 언어와 인지 이론은 신데카르트 사상의 영향을 부분적으로 받았다. 일례로서, 이 책은 전반에 걸쳐 생득적 언어 지식이 생물체 기관으로 은유되어 있는데, 이러한 언어생물학적 관념과 심성적 사실주의는 데카르트의 사상과 깊은 관련이 있다. 데카르트의 본유적 관념론innate ideas은 마음이 내재적·유전적으로 어떻게 심성적 지식, 또는 '기관organ'으로 구성되어 있는지를 다루고 있으며, 촘스키의 I-언어 이론과 심성적 사실주의로 발전된 것이다. 제리 포도Jerry Fodor는 이러한 발전을 '데카르트 사상의 부활'이며 '순수한 축복'이라고 표현했다. 포도의 심성적 지식은 촘스키의 개념과 크게 다르지만, 본성주의에 대한 논의의 필요성을 강조하는 과정에서 위와 같이 언급한 것이다.

한편 인간의 마음을 신체 기관과 같은 사실주의적 관점으로 설명하고자 노력했던 촘스키의 시도는 마음-몸의 일원론으로 귀결되었으며, 이것은 데카르트의 이원론과 크게 다르다. 사실 데카르트는 인간 마음의 구조를 오직 심리적 감각 능력의 의미로 주로 이해한 반면, 촘스키는 인간 언어의 지식 구조를 신체 기관이나 심리적 감각 능력에 차별 없이 사용했다. 촘스키는 심성 구조에 대해 논의할 때 가슴, 손발, 날개 등을 이용한 해부학적 유추를 즐긴다. 가령 심장과 내장, 콩팥, 후각, 청각 등 여러 기관과 인지 체계들이 내재적으로 결정되고 서로 독립적으로 활동하듯이, 언어 능력, 산술 능력, 시각 능력 등 인간의 언어와 인지 능력도 신체 기관과 유사하게 기능하는 단원적modular 독립체라는 것이다. 이런 시각에서 볼 때 신체기관, 지각, 운동 근육 등의 체계와 언어 및 인지 능력 사이의 경계가 무너지므로 촘스키는 데카르트의 마음-몸의 이원론에 동의할 수 없는 것이다.

3장에서는 '공공선'의 문제를 다루고 있다. 이 장에서 촘스키는 인간은 사회적 존재로서 사회적·문화적·제도적 환경에 의해 영향을 받고 있으므로, 사람들의 권리와 복지 및 소망 실현을 위해 사회적 합의와 공공선에 대한 탐구가 중요함을 지적하고 있다. 촘스키는 데카르트의 인간의 창의성 및 존 듀이의 실용주의 철학과 훔볼트의 영향 하에 사회·철학적 식견을 쌓았으며, 무정부주의자로서 자신의 정치적 입장을 분명히 해오면서 많은 정치 논평을 통해 전쟁과 권위주의를 꾸준히 비판해 왔다. 일례로, 9.11 테러 사건 발발 후, 미국의 세계적 자본주의를 비판했고, 2003년에 출간된《패권인가, 생존인가Hege-mony or Survival》는 아마존 베스트셀러 1위로 선정된 바 있다. 또한 촘스키는 인간성을 말살하는 독재와 폭력, 사적 이익만을 일삼는 기업, 사기업화 된 신문, 언론 등의 횡포를 지적하기도 했다. 3장에서 촘스키는 '잘못된 이익 먹이사슬'과 처참한 정책들을 극복하기 위해 지성인은 의무적으로 교육 제도에서 노동 여건의 개선 등을 꾀할 방법으로서, 공공선에 대한 관심을 높여야 한다고 강조하고 있다.

4장에서 촘스키는 인간의 마음에 대한 심성론을 요약하면서, 아직 이 세상과 자연에는 미해결의 난제가 어디엔가 숨겨져 있으며, 언어 지식의 문제도 미해결 상태로 남아 있음을 구체적으로 지적했다. 신경과학의 발달로 두뇌의 기능에 대한 이해가 과거보다는 깊어졌으나, 언어 지식을 물리적 환원주의나 기계론적 설명에 의지하기에 언어지식의 정체는 매우 창의적이고, 복잡다단하고 추상적인데, 언어 성분 요소 간의 단원적 관계에 대한 이해가 턱없이 부족하여 인지적 한계가 불가피하다는 것이다. 촘스키는 신그라이스주의 화용론을 예로 들면서, 새롭고 흥미로운 시도인 반면, 이 이론이 데카르트가 천명한 언어의 창의적 사용을 과연 얼마나 적용할 수 있을지 분명하지 않다고 지적한다.

촘스키는 이 책의 마지막 문장에서 인간의 창의적 언어 사용은 "아마도 인간의 지능으로는 절대 꿰뚫지 못하고 영원히 알 수 없는" 비밀 중 하나로 남아 있을지 모른다고 피력하고 있다. 이 책을 마무리하면서 촘스키는 아마도 자신이 주창하고 있는 심성적 실재성의 본유적 관념론을 재차 강조한 것으로 보인다.

촘스키의 철학은 기본적으로 인간의 마음 이론으로서, 언어의 지식 구조, 언어 지식과 인지 구조의 관계, 인식론(심리철학), 언어의 진화에 관한 심리학·생물학의 문제, 신경과학적 실증 자료의 과학철학

촘스키, 인간이란 어떤 존재인가

적 합리성과 적합성, 인간의 마음이론과 자연과학에서의 설명적 적합성explanatory adequacy, 즉 과학철학적 사고를 포함한다. 따라서 그 사유의 범위가 넓을 뿐만 아니라 생물학 등 자연과학적 배경도 상당히 깊다. 사실 이미 1960년대부터 인지과학적 논리를 전개한 개척자로서 촘스키는 요즘 활발히 개진되고 있는 융합적 사고에 지대한 공헌을 하였다.

따라서 그의 책은 정치적 논평과 달리 일반인에게는 상대적으로 어렵게 느껴질 수 있지만, 촘스키의 인간관은 상당히 흥미로운 부분이 많다. 내가 재직하고 있는 대학에서는 이미 이 책을 원서로 읽고 본격적인 스터디도 계획하고 있을 만큼 이 책에 거는 기대와 흥미가 높다. 일반인도 촘스키 자신이 직접 정리한 네 가지 질문과 그 답을 차근차근 따라 가다 보면 그가 인간을 어떤 존재로 바라보고 있다거나, 어째서 무정부주의자가 되었는지 그의 거대한 사유의 자취와 정수를 만날 것이라고 기대한다.

촘스키로부터 직접 그의 인간관을 배운 제자로서, 그리고 이제는 촘스키를 가르치는 선생으로서 촘스키의 최신 저작인 이 책의 발간을 매우 기쁘게 생각하며, 꼼꼼한 번역과 출간에 힘써 주신 번역자와 와이즈베리 편집진에게 깊은 감사를 드린다.

2016년 12월
조숙환(서강대 영문과 교수)

이 책은 한 언어 과학자가 자신의 과학적 연구가 지닌 폭넓은 함의에 대해 평생에 걸쳐 고민한 내용을 담고 있다. '인간이란 어떤 존재인가?'라는 질문만으로도 그 함의의 범위가 얼마나 방대할지를 짐작케 한다. 아우르는 분야도 인상적이다. 이론언어학, 인지과학, 과학철학, 과학사, 진화생물학, 형이상학, 인식론, 언어와 정신에 관한 철학, 도덕 철학과 정치 철학, 그리고 짧게나마 인간 교육에 대한 이상까지 다룬다.

1장은 촘스키가 이론언어학과 인지과학에 갖고 있는 기본적인 생각을 분명하고 정확하게 보여준다(두 분야 모두 확립되기까지 촘스키가 절대적으로 중요한 역할을 했다). 그는 지난 수년간 거둔 발전에 대해 기술하지만, 그렇게 발전했다고 주장할 때 얼마나 신중해야 하는지, 그리고 가장 기본적인 연구 분야조차 해야 할 일이 얼마나 많이 남아 있는지를 훨씬 강경하게 이야기한다. 같은 시기에 벌어진 사고의 변화도 언급이 되는데, 그중 가장 충격적인 변화는 지난 십 수 년 사이에 일어났다.

'언어란 무엇인가?'로 시작하는 이유

먼저 1장에서는 장 제목인 '언어란 무엇인가?'라는 질문의 이유를 밝히는 것으로 시작한다. 우리가 이렇게 질문해야 하는 이유는 언어가 무엇인지를 명확하게 알지 못하면 언어의 여러 가지 구체적인 측면에 대한 다른 질문에도 올바른 답을 구하지 못할 것이기 때문이다(아마도 그런 구체적인 질문조차 정확하게 제기하지 못한다). 뿐만 아니라 언어의 생물학적 토대와 진화론적 기원을 연구하거나 그럴듯하게 추측하는 것조차 엄두를 못 낼 것이다.

갈릴레오와 데카르트로 거슬러 올라가는 전통에서는 언어의 가장 근본적인 특성을 인식했다. 훔볼트Humboldt는 나중에 그것을 다음과 같이 아주 명료하게 표현했다.

"언어는 아주 독특하게도 끝이 없고 정말로 무한한 영역과 마주한다. 그것이 우리가 생각할 수 있는 모든 대상의 본질이다. 따라서 언어는 유한한 수단을 무한히 활용해야 하며, 언어와 사고를 일치시키는 능력을 통해 그렇게 할 수 있다."[1]

이런 생각을 진화론적인 맥락에서 좀 더 쉽고 간단하게 되풀이한 예로 다윈의 말도 인용된다.

"인간이 하등 동물과 다른 유일한 점은 대단히 복합적인 소리를 생각과 결부시키는 능력이 거의 무한정 더 크다는 것이다."

여기서 훔볼트와 다윈이 주장한 세 가지 기본적인 특성에 대해 짚고 넘어가는 것이 좋겠다. 첫 번째는 유한한 토대가 무한한 힘을 발휘한다는 주장이다. 두 번째는 생각과 소리의 연결이다. 그리고 세 번째는 언어와 사고의 연결이다. 모두 촘스키가 처음에 언어의 기본적인 특성이라고 밝힌 다음과 같은 내용에 들어가 있다.

"모든 언어는 계층적 구조를 갖는 표현들의 무한집합을 제공하며, 각각의 표현은 두 개의 접합면interfaces에서 해석이 된다. 하나는 외적 표출을 위한 감각운동 접합면이며, 다른 하나는 사고처리를 위한 개념-의도 접합면이다."

여기서 계층적 구조를 갖는 성분은 첫 번째 특성과 관련이 있고, 감각운동 접합면은 두 번째 특성에 해당된다. 그리고 개념-의도 접합면은 세 번째 특성을 가리킨다.

이런 기본특성basic property을 설명해줄 것이 연산 처리다. 연산 처리는 두 가지 면에서 중요한 철학적 의미를 갖는다. 언어 이론은 생성문법일 수밖에 없으며, 반드시 모든 개인이 각자의 주관과 사고방식 안에 갖고 있는 어떤 대상(즉 내포적인 성분)을 다룬다는 점이다. 그러니까 겉으로 표출된 발화나 사회적 현상에 관한 이론이 아니다. 이렇듯 개인적·내재적·내포적인 것과 외재적·사회적인 것의 차이를 나타내는 명칭이 바로 I-언어와 E-언어다. I-언어는 그 자체로 과학적 연구의 대상이 될 수 있지만 E-언어는 그렇지가 않다.[2] I-언어 연구는 나중에 생물학적 설명이 보완되어야 하지만, 궁극적으로 그렇게 되기 전까지는 여러 가지 현상을 생물학에서 추상하는 수준으로 기록하고, 기본특성을 충족시키는 연산 능력에 대해 인지적 차원에서 설명한다.[3]

이와 달리 좀 더 보편적으로 할 일은 모든 I-언어가 공통으로 갖고 있는 근원적인 특징을 찾아내는 것이다. 이 또한 인간에게 천부적으로 주어지는 생물학적 특성에 의해 결정된다(이런 사실이 보편적 인지에서 가지는 더 넓은 의미는 2장에서 다시 다룬다). 이렇게 좀 더 보편적인 연구를 진행하는 목적은 어떤 생성 체계가 I-언어 역할을 수행할 수 있는지 결정하는 생물학적 재능을 밝혀내는 데 있다. 다시 말하면, 가능한 인간의 언어가 어떤 것들이냐는 것이다.

그런 다음 촘스키는, 언어의 기본특성을 다루는 생성문법 연구가 진지하게 진행되자마자 몇 가지 놀라운 수수께끼가 나타났으며, 지대한 영향을 미칠 수 있는 함의를 지닌 것들이었다고 강조한다. 그중 하나는 언어학적 연산이 '구조 의존적'이라는 사실이다. 모든 표현과 언어를 막론하고 언어학적 연산은 예외 없이 구조적 거리에 의존한다. 연산을 하기에는 직선거리가 훨씬 단순한 개념임에도 그렇다. 언어를 배우는 사람은 배우지 않아도 이런 사실을 저절로 안다. 신경과학과 심리학의 실험 결과들이 이를 뒷받침한다. 그리고 그 결과는 구조적 표현들을 생성하는 연산에 직선거리가 적용될 수 없다는 단순한 이유 때문으로 추정된다. 이 표현들은 개념-의도 접합면에서 해석되어 사고와 행동 조직으로 이어진다. 그렇다면 이런 결과는 I-언어가 순서도 없는 가장 기본적인 연산 작업에 기초한 생성 체계이기 때문이라는 지극히 자연스러운 추측도 가능하다. 이밖에도 많은 연구를 통해 언어에서는 선형적 순서가 그리 중요하지 않으며, 핵심적인 구문론과 의미론에 관여하지 못한다는 상당한 증거가 제시되었다. 이것은 수화의 다양한 외적 표현에도 똑같이 적용되는 사실이다. 수화는 오늘날 구조와 습득, 사용은 물론이고 신경의 반응에 이르기까지 음성 언어와 대단히 비슷한 것으로 알려졌다. 짐작하건대, 이렇듯 겉으로 드러나는 속성은 감각운동 체계가 필요로 하는 조건을 반영한다. 언어 학습자의 경우 선형적 순서를 사용해 볼까 하는 생각조차 못한다. 선형적 순서를 비롯한 다른 배열은 이미 발화된 언어, 즉 외적으로 표출된 언어와 관련이 있을 뿐 생각하는 단계, 즉 내부에 있는 언어와는 상관이 없다.

촘스키, 인간이란 어떤 존재인가

이제 촘스키는 이런 결론이 언어의 기원과 관련하여 조금이나마 알려진 사실과 일치한다고 말한다. 감각운동 체계는 "언어가 생기기 오래 전부터 존재했던 것으로 보이고", 특별히 언어에 적응하기 위해 달라진 점도 거의 없는 것 같다는 것이다. 유인원이나, 어쩌면 인류를 제외한 호미닌(Hominins, 170만~180만 년 전에 살았던 것으로 추정되는 호미닌은 오늘날 화석이나 유골 형태로 발견되며, 몸집이 침팬지와 비슷하고 두뇌 크기는 인류의 3분의1에 불과하다. 호모에렉투스로 진화하기 전 인류의 조상으로 추정되기도 한다 – 옮긴이)이 가진 것보다 훨씬 심층적인 유형의 인지적 속성이 언어에 내재한다. 유인원은 몸짓 인어에 직합한 몸짓 체세와 발소리 인식에 적합한 청각 체계를 갖고 있다. 그러나 말소리를 소음으로밖에 해석하지 못하고, 오랫동안 훈련을 시켜도 사람이 하는 수화의 기초도 배우지 못하는 것을 보면 인간의 아기와도 비교가 안 된다. 아리스토텔레스는 언어가 '의미를 지닌 소리'라고 말했다. 그러나 지금까지 언급한 이유들로 인해 촘스키는 이 문구의 우선순위를 바꾸고 '소리를 지닌 의미'라고 해야 언어를 더 잘 이해할 것으로 생각한다. 이것이 (제롤드 케이츠Jerrold Katz가 열심히 전파했던 것처럼) 플라톤주의로 비쳐질 경우에는 확실히 기억해 두어야 할 사실이 있다. 촘스키에게 여기서 '의미'는 철저하게 심리적(궁극적으로는 생물학적) 범주의 뜻을 갖는다는 점이다. 그러니 플라톤적인 관점에서는 전혀 구체화되지 않는다.

이런 결론은 촘스키가 오랫동안 고수해온 주장을 뒷받침한다. 언어를 철학자나 인류학자 같은 사람이 이해하는 것처럼 의사소통과 연결시켜 범위를 한정하는 방식으로 이해해서는 안 된다는 것이다. 언어의 외적 표출은 부차적이고, 사고와의 연결이 가장 중요하다면, 이 장에서 제기하는 '언어란 무엇인가?'라는 질문에 어떤 대답을 하더라도 의사소통이 핵심이 될 수는 없다. 사실 그가 말하는 것처럼 언어·사고의 대부분이 겉으로 표출되지 않는다고 생각할 만한 이유가 있다. 만약에 언어가 인간에 의해 설계되는 것이 아니라 인간의 생물학적 재능의 일부임을 확고하게 이해한 다음에 과학적이든 철학적이든 언어를 하나의 연구 대상으로 삼는다면, 접근하는 방법에 상당한 변화가 있을 수밖에 없다.

촘스키가 공감을 표하며 인용한 문장에서 다윈은 언어와 관련해 가장 핵심적인 것이 "아주 복합적인 소리들을 생각과 결부시키는 능력"이라고 주장한다. 앞서 살펴본 것처럼, (다른 외적 표출 방식과 마찬가지로) 소리의 중요성이 떨어졌다는 사실을 제외하면, 촘스키 스스로 기본특성에 대해 이론적으로 설명한 내용은 다윈이 말한 이 같은 핵심을 그대로 수용한다. 다만 다윈이 사용한 어휘까지 똑같이 받아들이는 것은 아니다. 왜냐하면 '결부시킨다associating'라는 말이 촘스키가 말하는 핵심 연산을 설명하기에 꼭 맞는 표현은 아니기 때문이다. 어쨌거나 결부시키는 현상은 고전적인 조건화(종과 음식)에서도 발생한다. 잘 알려진 대로 촘스키는 언어에 대한 행동주의적 설명을 인정하지 않는다. 게다가 두 대상을 결부시킨다고 하면 행동주의자가 아닌 심리학자조차도 대상의 순서가 중요할 것이라고 생각한다. 그래서 (감각운동 접합면보다) 개념-의도 접합면에서 의미론적 해석에 적합한 형태가 만들어진다고 훨씬 많이 강조해야만 순서가 중요하지 않다는 것을 규명할 수 있을 정도다. 그리하여 애초에 다윈이 말하고자 하는 의미를 오해할 수 있는 '결부시킨다'라는 표현에서 벗어나 촘스키가 염두에 둔 바는 생각을 문장 구성 성분과 '결합put together'하는 능력이 인간에게만 있다는 사실을 핵심으로 부각시키는 방법이다.

언어에 관한 이런 기본적인 구상은 기본특성에 대한 이론적 설명에서도 반복되어 나타난다. 여기서 가장 중요한 연산은 '병합'이라고 부르는 것이다. 병합은 서로 다른 두 개의 대상에 외적으로 작용하여 또 다른 형태를 생성하거나, 하나의 대상 안에서 내적으로 작용하여 또 다른 형태를 만들어낼 수도 있다. 이때 복잡한 의미론적 해석에 적합한 형태를 만드는 과정에서 '전치displacement'(어느 한곳에서 발음된 구절이 그 위치는 물론이고 다른 위치에서도 해석이 되는 현상)라는 시간과 장소에 구애받지 않는 특성이 자동적으로 나타난다.

이를 각각 외적 병합과 내적 병합이라고 한다. 그리고 과학적 방법론의 단순함 추구는 다른 분야와 마찬가지로 언어학에도 적용할 수 있으며, 단순함을 지키기 위해서는 기본특성을 뒷받침하는 연산 능력을 설명할 때 연산을 늘리는 것이 아니라 기본 연산을 최소화해야 한다. 촘스키는 우리가 이런 방법론적 요구사항을 어기지 않는 한 언어설계가 얼마나 최적화 상태로 이뤄지는지를 보여주는 몇 가지 사례를 검토하면서 자신의 관점에 변화가 있었음을 털어놓는다. '전치' 현상을 언어의 결함으로 보았던 때가 있었으나 지금은 방금 말한 것처럼 가장 단순한 방법론을 추구한다는 전제가 지켜지는 한 당연히 일어나야 할 일로 여긴다는 것이다.

촘스키는 이러한 방법론적 요지를 활용해 언뜻 이질적으로 보이는 다음의 두 가지 질문을 하나로 합치는 과감한 시도로 이 장을 마무리한다. 우리는 기본특성을 어떻게 설명해야 하는가? 언어는 언제 어떻게 생겨났는가? 다시 말하면 기본특성을 설명할 때 단순함을 유지해야 한다는 전제와 그에 수반하는 최적의 언어설계라는 주장을 합하면 언어의 기원에 관해 우리가 갖고 있는 제한된 증거를 근거로 가장 그럴듯한 가설을 구체화하는 데 도움이 될 것으로 판단한다. 그 가설은 언어가 서서히 생겨나지 않고 갑작스럽게(그것도 비교적 최근에) 생겨났다는 것이다. 그런 갑작스러운 '대약진'에 대해 오늘날 추측하는 바는, 아마도 "두뇌의 배선이 살짝 바뀐 것"을 계기로 일어났으며, "(그것이) 가장 단순한 형태로의 병합을 가능케 하고" 그전까지는 인간에게 없었던 "한없이 창의적인 사고의 토대를 제공했다"는 것이다.

촘스키, 인간이란 어떤 존재인가

인간은 생물학적 존재이므로 '한계'가 있다

2장 '우리는 무엇을 이해할 수 있는가?'는 촘스키의 또 다른 중요한 연구 주제인 인간 인지의 한계에 대해 자세히 설명함으로써 1장의 결론을 강하게 뒷받침한다.

우리가 자주 사용하는 말 중에 '…의 범위와 한계'라는 표현이 있다. 촘스키는 이 말을 아주 진지하게 받아들이고 중요한 부분을 비틀어서 우리의 인지 능력에 대해 자신이 이해한 바를 설명한다. 우리의 인지 능력이 우리가 아는 다른 어떤 생명체보다 그 범위가 훨씬 넓고 깊은 부분적인 이유는 우리의 인지 능력 또한 한계를 적용받기 때문이다. 그리고 그 한계는 우리의 본질이나 이 책에서 말하는 우리가 속한 생물 유형, 특히 우리의 인지 능력이 생물학적 근거를 갖는다는 사실에서 비롯된다.

우리는 이 같은 핵심을 이미 1장에서도 은연중에 접했다. 다만 1장에서는 인간의 언어 능력에 국한하는데, 1장에 나오는 언어에 대한 이론적 설명이 이런 한계 개념을 전제로 하고 있다. 즉 우리는 언어를 사용할 수 있는 고유한 능력을 부여하는 본유적 구조를 유전적으로 타고나며, 그 구조가 우리에게 맞는 언어가 무엇이며, 어떤 I-언어가 있을 수 있는지를 제한한다고 전제한다. '보편문법UG'이라는 전문 용어를 사용하는 목적도 이런 본유적 구조의 특성을 나타내기 위해서다. 언어를 하나의 연산 능력으로서 생성적인 면에서 설명이 가능한 것도 바로 이런 유전적 재능이 정하는 범위, '그리고 한계'라는 틀이 있기 때문이다.

언어에 관한 이 같은 진실은 우리가 생물학적 존재라는 사실에서 비롯되는 지극히 보편적인 범위와 한계를 보여주는 한 가지 특별한 예에 불과하다. 신체 능력에 대해 이야기하는 것이라면 논란의 여지가 없는 생각 같다. 우리가 걸을 수 있게 만들어주는 힘이 한편으로는 우리가 뱀처럼 미끄러지듯 다니지 못하게 제한하기 때문이다.[4] 촘스키는 이처럼 신체 능력의 경우에는 자명한 사실이 (본유 개념을 둘러싸고 계속되는 논란들이 시사하듯) 인지 능력에 관한 한 자명하지 않음을 부정하는 태도는 편견에 불과하다고 생각한다. 어느 정도의 인지 능력을 갖는다는 것은 부족한 인지 능력도 있음을 의미하며, 상상컨대 우리는 인지 능력이 부족하지만, 정신을 가진 또 다른 유형의 존재들은 그렇지 않을 수도 있다. 우리가 이런 한계를 부정하려고 하는 것은 오로지 우리가 인간의 인지를 연구할 때 생물학적 존재라는 사실을 무시하기 때문이다. 그래서 2장은 우리의 인지 능력이 지닌 그런 한계에 관한 질문을 비단 언어라는 특수한 영역에 국한하지 않고 아주 폭넓게 살펴본다. 물론 여러 지점에서 다시금 언어에 관한 결론으로 돌아오기는 한다.

촘스키는 먼저 자신이 거의 50년 전에 제안했던 '문제'와 '미스터리'의 차이를 상기시킴으로써 인지적 한계 개념에 부합하는 방법론적 결론이 무엇인지를 살펴본다. 그는 퍼스Peirce의 귀추법을 근거로 우리의 유전적 재능에 의해 결정되는 본유적 구조가 우리가 공식화할 수 있는 질문의 범위를 제한한다고 주장한다. 퍼스가 과학적 방법과 과학적 발달을 이해할 때 사용하는 귀추법은 '용인되는 가설'로 간주되는 것들에 '한계'를 부과하는 것이 특징이다. 우리가 어렵지 않게 정리해서 표현할 수 있는 질문을 '문제'라고 부른다. 그러나 공식화할 수 있는 질문의 범위가 있음을 감안하면 우리의 인지 능력을 벗어나는 의문도 있을 것이다. 우리가 그런 생각을 할 수 있는 정도라면, 현재 우리가 가진 개념적 틀과 지식을 감안할 때 그런 의문을 과학적으로 탐구하기 쉬운 문제 형태로 공식화하지 못한다는 것도 스스로 깨닫게 될 것이다. 이런 것을 촘스키는 '미스터리'라고 부른다. 이 책의 제목이 '인간이란 어떤 존재인가'인 이유가 바로 이 점 때문이다. 우리와 다른 생물학적 재능을 가진 또 다른 유형의 생명체는 우리에게 미스터리로 남아 있는 의문들을 공식화하는 것이 가능할 수도 있기 때문이다. 그 결과 퍼스는 아닐지 몰라도(용인되는 가설을 말할 때 우리가 생물학적 존재라는 사실에 결정적인 무게를 두지는 않았을 것이라는 점에서)[5] 촘스키에게는 '문제'와 '미스터리'의 구분이 유기체에 따라 상대적이다.

이러한 방법론적인 그림에서 중요한 부분 중 하나가 바로 우리의 인지적 한계와 도저히 부정할 수 없는 '미스터리'의 존재를 편하게 받아들이는 법을 배워야 한다는 점이다. 이 책의 마지막 장 '자연의 신비'는 이런 방법론적 교훈을 얻기 위해 과학사에서 아주 중요한 순간들을 자세히 들여다본다.

한 가지 결정적인 순간은 뉴턴이 자기보다 앞선 초기 근대 과학 시대의 접촉-기계론적 전제를 뒤집고 중력 개념을 사실로 받아들였을 때다. 이로써 물질과 운동, 인과 등에 관한 그전까지의 개념이 무너졌다. 그전까지의 개념이란 물질세계에 대한 우리의 상식적 이해(짐작하건대 우리의 생물학적 특징인 인지적 한계에 따라 제한적인)를 과학적으로 뒷받침한 것에 불과했다. 촘스키는 뉴턴과 함께 새로운 틀이 생겨났으며 우리의 인지적 한계에 비추어볼 때 상상도 할 수 없는 것들이 그 틀 안에서 제안되고 있었다고 강조한다. 뉴턴 스스로도 이런 상상도 할 수 없음에 대해 인정했다. 심지어 터무니없는 것이라고까지 표현했으며, 뉴턴 이후에 그 누구도 이 점에 관한 한 이의를 제기하거나 보완하려고 하지 않았다. 오히려 그 터무니없음이 우리의 과학적 세계관 속으로 스며들었다. 그런 터무니없다는 생각 때문에 뉴턴이 주저한 적은 결코 없었다. 설명에 필요한 법칙을 세우고, 심층적이고 근원적인 이해가 부족하다는 점은 무시했다. 우리에게 그런 이해력이 있다면, 뉴턴(과 다른 사람들)이 터무니없다고 인정하고 '초자연적' 힘으로 설명한 것까지도 이해했을 것이다. 그러나 이 세상을 쉽게 이해할 수 있는 이론을 구축하는 것으로도 '충분했다.' 그렇게 함으로써 우리의 인지적 한계가 좌절감을 느낄 만큼 보다 심층적인 의미에서의 이해할 수 있는 세상을 찾으려고 할 필요도 없었다.

그 이후의 사상가들은(특히 프리스틀리Priestley는 가장 예리하고 이해력이 뛰어난 논평자로 등장한다) 이 같은 방법론적 견해를 구체화하고 정신 철학의 쟁점들에 관해 결론을 도출했다. 오늘날의 철학자들을 괴롭히는 결론이지만, 만약에 그들이 프리스틀리가 제안하고자 했던 내용을 받아들였더라면 정신-육체 문제, 혹은 의식에 관한 "그 어려운 문제"라고 표현하는 것을 다시 한 번 생각하게 되었을 것이다. 철학자들은 일부 쟁점에 유례없이 '어렵다'라는 낙인을 찍고 그렇게 좌절된 목록에 만족하며 안주하는 경향이 있다. 촘스키는 정확히 이런 역사에 호소함으로써 무엇보다 이렇게 '어려운' 무언가를 발견하는 것이 유례없는 일이 절대 아님을 보여준다. 예컨대 '중력'의 도입이 물리학에 미친 영향은 뉴턴 이후는 물론이고 뉴턴 스스로에게도 아주 어렵다고 생각되었다.[6] 이른바 정신-육체 문제와 관련하여 이것의 의미는 뉴턴 이후에도 과연 그 문제를 일관성 있게 정리할 수 있는지 의심하게 만든다는 점이다. '중력'과 같이 '미스터리한' 무언가를 도입하는 것이 처음에는 불안감을 자극했다. 그러나 중력은 결국 물체 자체는 물론이고 물체가 서로 접촉하지 않고도 상호 영향을 미친다는 사실을 이해하는 데 꼭 필요해졌으며, 그렇게 해서 과학에까지 포함되었다. 사실상 새로운 과학적 상식으로 자리를 잡은 것이다. 이로부터 우리는 오히려 모든 것이 정신적이라는 철학적 결론을 내리게 될 것이다. 그러면 정신-육체 문제에 관한 한 확실한 것은 아무것도 남아 있지 않게 된다. 촘스키는 길버트 라일Gilbert Ryle의 표현을 기억에 남을 만큼 인상적으로 뒤집어서 다음과 같이 말한다.

"영혼이 완전히 사라진 것이 아니라 기계가 버림을 받았으며, 영혼은 고스란히 남아 있다."

의식에 관해서는, 언어와 시각 모두 법칙에 의존하는 연산 능력이 있음을 살펴봄으로써, 우리가 정신 상태의 많은 부분을 의식해야 한다고 주장하는 철학자들의 경향에 의문을 제기한다. 이런 경향은 콰인Quine과 설Searle처럼 아주 대조적인 성향의 철학자들에게도 뚜렷하게 나타난다. 그러나 촘스키는 우리가 의식적으로 하는 생각조차도 의식하지 못하는 마음의 면면과 상호작용하는 부분이 많다는 점에서 이 부분에 강한 확신을 갖고 있다. 그래서 우리가 의식할 수 있는 대상만 고려할 경우 의식 상태에 대해서조차 과학적으로 충분히 이해할 수 없을 것이라고 지적한다.

인지 능력의 한계가 '지식 추구의 걸림돌'은 아니다

과학적 설명이 그의 관심사임을 고려해볼 때 촘스키는 언어는 물론 좀 더 넓은 의미의 사고를 생각하는 일부 방식이 과학적으로 들리지 않는다는 점을 증명하는 데도 관심이 있다. 특히 연산에 필요한 원자적 성분에 대해 길게 설명하는 대목이 있다. 1장에서 정리한 요점들을 근거로 촘스키는 이런 성분을 기존 연구에서 '어휘'나 '어휘 항목'이라고 서술하는 것은 오해의 소지가 있다고 지적한다. 왜냐하면 그 성분들은 개념-의도 접합면에 공급되며, 감각운동 접합면과 달리 핵심적인 영역에 속하는 개념-의도 접합면에서는 그 성분들이 외적 표출이라는 절차를 통해 구성되는 것이 아니기 때문이다. 철학자들이 더 놀랄 만한 주장은, 수학과 과학에서 분명하게 규정해 놓은 몇 가지 예외를 제외하면, 원자적 성분에는 지시하는 속성이 전혀 없다는 것이다. 뿐만 아니라 우리의 사고와 별개로 외부 세계에 존재하는 대상과 구조적인 관계를 갖는다고 생각해서도 안 된다고 주장한다. 따라서 언어에서 유일하게 과학적으로 설명이 가능한 개념인 I-언어는 철저하게 내재적이다.

이 점을 탐구하기 위해 아리스토텔레스와 흄 같은 역사적 관점들을 검토하고, '집', '파리Paris'처럼 비교적 구체적인 것에서부터 '사람', '사물'같이 비교적 추상적인 것에 이르기까지 원자의 다양한 예를 살펴본다. 이런 논의를 통해 지칭이나 지시는 맥락과의 연관성이 너무나 강해서 과학적으로 연구가 될 수 없다는 것이 밝혀진다. 지칭이나 지시는 언어 자체의 구조적인 측면보다는 언어가 사용되는 목적과 관련지어 살펴봐야 한다는 말이다. 이 모든 논리는 철학자들과 다른 분류체계로 이어지며, 철학자들이 '의미론'에 속한다고 생각하는 거의 대부분의 것이 화용론으로 분류된다.

이런 결론은 언어의 기원에 관한 질문과도 관련이 있다. 동물이 서로 주고받는 신호는 외부 세계에 존재하는 대상과의 직접적인 관련성에 기인한다. 이런 인과관계를 나타내는 연결고리 중에 하나라도 빠지면 신호를 전혀 이해하지 못한다. 반면에 지금까지 한 이야기는 인간의 연산에 필요한 원자는 우리의 사고와 별개로 존재하는 실체와 구조적인 인과관계를 갖지 않음을 명확하게 보여주는 것이 목적이었다. 이 점은, 우리가 갖고 있는 유형의 언어와 사고 능력을 가진 생물 유형이라면 촘스키가 2장에서 르원틴Lewontin의 말을 인용하며 생물학적 조상으로부터 점진적으로 진화해온 과정에 대한 '스토리텔링'이라고 표현한 방식이 아니라 1장에서 소개한 것과 같은 종류의 급진적 진화로 설명해야 한다는 결론의 또 다른 근거가 된다.

스토리텔링은 설명하고 있는 대상의 본질에 대해 사전에 과학적으로 충분한 관심을 기울이지 않은 경우에만 빠져들 수 있는 설명 방식이다. 이것을 스토리텔링이라고 하는 이유는, 르원틴의 말처럼, 이런 설명의 근거가 될 수 있는 증거에 접근할 수 없다는 '기구한 운명' 탓도 어느 정도 있다. 그 증거들이 인간의 인지적 접근이 불가능한 곳에 숨어 있다는 것은 우리가 가진 한계의 또 다른 형태다.

이렇듯 우리의 인지에 한계가 있을 수밖에 없는 이유는 다양하다. 그중에 가장 주된 이유는 우리가 생물학적 존재라는 명백한 사실을 진지하게 받아들이기 때문이다. 2장에 등장하는 주요 거물인 로크Locke, 프리스틀리, 흄, 러셀Russell, 퍼스, 르윈틴과 달리 힐베르트Hilbert는 가장 노골적으로 미스터리의 존재를 부정한다("풀리지 않는 문제는 절대 없다").

많은 현대 철학자들도 좀 더 암묵적이기는 하지만 미스터리의 존재를 부정하기는 마찬가지라서 이런 명백한 사실을 근거로 한 자명한 이치도 인정하지 않는다. 눈여겨볼 점은 촘스키가 이 모든 이야기를 서술한 다음 그에 관한 여러 가지 입장을 흥미롭게 조합한다는 것이다. 어떻게 보면, 우리와 다른 유형의 존재는 아주 다루기 쉬운 문제라고 느낄 수도 있는 것을 우리 인간에게는 '미스터리'로 만드는 인지적 한계에 대한 생각은 철학자들이 '사실주의자' 형이상학이라고 부르는 입장과 통한다. 촘스키의 말처럼, "신비주의의 이치를 고려하면, 내가 상상도 할 수 없다는 것은 존재할 수 있는 것의 기준과 아무 관련이 없다."

다른 한편으로, 힐베르트가 뉴턴의 영향을 받은 것이 맞는다면 촘스키의 태도는 철저히 '실용주의자'이다. 단지 우리가 연구하는 이 세상을 궁극적으로는 이해하지 못할 것이라는 이유로 이 세상에 관해 이해할 수 있는 과학적 이론조차 만들지 말아야 하는 건 아니라는 의미다. 촘스키는 자유로운 인간의 행동이라는 개념마저도 우리가 가진 모든 개념(특히 기정된 상태냐 임의적이냐 하는 개념)을 초월하는 것일 수 있지만 언젠가는 과학적으로 다루기 쉬운 날이 올 것이라고 말한다. 비록 지금은 전혀 이해하지 못하더라도 말이다. 이런 태도는 칸트와 사뭇 다르다. 칸트는 생각할 수는 있어도 절대 알 수 없는 것이 자유라고 선언했다. 촘스키는 퍼스와 그보다 앞선 뉴턴과 마찬가지로, 그리고 칸트와는 다르게, 자신의 신비주의적 태도나 인간의 인지 능력에 한계가 있다는 믿음이, 언젠가 퍼스가 말한 것과 같이 "지식 추구에 걸림돌"이 되는 것을 원치 않는다.

공공선이라는 사회적 질문을 하게 되는 이유

3장 '공공선이란 무엇인가?'는 우리의 본질을 '개인의' (언어와 인지) 능력이라는 측면에서만 살펴보던 한계를 풀고 사회적 동물로서의 인간에 대해 고찰한다. 무엇이 공공선이고 어떤 정치적·경제적 제도가 공공선을 장려하거나 좌절시키는지를 탐구하는 것이다.

이런 질문을 탐구하는 데 계몽주의가 대단히 중요한 의미를 갖는다. 다만 촘스키가 생각하는 계몽주의는 그 범위가 넓은 편이다. 애덤 스미스Adam Smith[7]와 존 스튜어트 밀John Stuart Mill같이 우리에게 친숙한 '자유주의자'는 물론이고 훔볼트와 마르크스처럼 대체로 낭만주의 전통에 속하는 인물까지 포함한다. 게다가 그 해석 또한 포용력이 큰 편이다. 애덤 스미스의 의견 중에 그를 지지하는 보수적인 학자들은 물론이고 대부분의 진보적이고 급진적인 비평가조차도 숨겨온 내용을 부각시키는가 하면, 계몽주의가 훗날 유럽에서 아나키스트 전통이 생겨나는 전조였다고 볼 만한 원칙들과 함께 미국의 존 듀이John Dewey까지 살펴본다.

이 같은 탐구의 출발점은 사실 개인주의에 있으며, 그런 점에서 앞선 1, 2장과 연결이 된다. 생물학적으로 결정되는 한계가 있음에도 개개인이 가진 창의적인 능력(그리고 1장에서 다룬 것처럼 언어라는 특수한 측면에서 창의적인 능력)은 완전히 '발달'할 경우에 개개인이 주체적으로 꽃을 피우게 만드는 것이 틀림없다. 우리는 어떤 유형의 제도가 개인의 그런 발달을 저해하는지 의문을 가질 때 필연적으로 공공선이라는 사회적인 질문을 하게 된다. 개인의 이익을 강조하는 자본주의 같은 사회적 틀은 개인적 역량을 발달시키는 데 도움이 되기는커녕 오히려 방해가 된다. 노동 분업이 어떻게 우리의 창의적인 개성을 파괴하는지에 관한 애덤 스미스의 신랄한 비판과 기업의 이익 추구가 공과 사 구분 없이 생활의 모든 측면에 그림자를 드리우고 있다는 듀이의 날카로운 표현 모두 이런 주장을 뒷받침한다. 아나키즘 전통(바쿠닌Bakunin에서 루돌프 로커Rudolph Rocker, 그리고 스페인 내전 당시의 아나키스트 노동조합 운동에 이르는)은 사회주의 사상과 고전적 계몽주의에 담긴 진보적 원칙을 결합하여 분업이 아닌 협업적인 노동, 노동자에 의한 작업장과 생산수단 통제, 자발적 관계를 중심으로 돌아가는 사회생활이라는 이상을 세운다. 이대로 실현만 되면 인간의 궁극적인 발달을 저해하는 자유 시장 자본주의는 물론이고 볼셰비키의 '붉은 관료주의' 경향에서 비롯되는 장애물을 모두 없앨 수 있다. 듀이의 교육 철학은 인간 발달의 목표를 아주 어릴 때부터 추구해 나갈 수 있는, 오늘날의 교육 제도 현실과 사뭇 대조적인 방법을 제시한다.

촘스키는 이런 이상에서 얼마나 많은 부분이 광범위한 풀뿌리운동의 행동주의에 핵심적인 역할을 했는지를 감동적으로 서술한다. 17세기 영국에서 일어난 급진적인 의회 전통에서부터, 미국적 전통을 배경으로 한 산업노동자 연구에서 노먼 웨어Norman Ware가 묘사한 '여공'과 장인을 거쳐, 중앙아메리카의 가톨릭 전통에서 일어난 해방 신학까지 언급한다. 이렇게 긴 역사를 가진 민주적 노동 전통은 민주주의에 대한 또 다른 이해 방식과 몇 가지 세세한 부분이 다르다. 또 다른 민주주의 전통은 미국에서 매디슨Madison이 통치자의 자격을 '귀족'으로 제한한 것으로 시작하여 '전문가'에 의한 민주적 통치를 주장한 월터 리프먼Walter Lippmann의 사상으로 발전한다.

이런 민주주의 전통은 촘스키가 여러 가지 중요한 쟁점에 대한 여론조사 결과를 들어 분명히 밝히고 있듯이 대중이 원하는 바가 '민주주의' 정치의 주요 목표로 포함되는 일이 거의 없도록 차단한다는 점에서 레닌주의자들이 강조한 전위당 이론(vanguardism, 혁명을 선도하는

촘스키, 인간이란 어떤 존재인가

당이 대중을 이끌고 노동자들은 당의 지도와 명령을 따라야 한다는 레닌주의 핵심 이론이다-옮긴이)의 미국 버전이라고 볼 수 있다. 그럼에도 현재 서구 세계의 많은 사회와 정부가 이런 방식의 민주주의를 따른다. 촘스키는 이들 국가가 최악의 상황에서조차 공공선이라는 최고의 이상을 추구하는 것을 꿋꿋이 고집한다고 신랄하게 꼬집으며, 공공선이 얼마나 역설적인 방식으로 보편화하고 있는지를 보여준다. 공공선이 마치 누구에게나 적용되는 것처럼 설파되지만, 그 순간에도 말로는 다수를 대변한다고 하면서 실제로는 소수의 이익을 추구하며 공공선을 침해하는 이들이 도처에 있다는 것이다.

기본적으로 시작부터 인간의 창의성과 그것이 아무런 제약 없이 꽃피우는 것이 중요하다고 강조한 것을 감안하면, 촘스키가 아나키즘으로 기우는 경향을 보이는 것은 지극히 자연스러운 일이다. 게다가 그는 늘 선언하는 방식으로 핵심을 표현해 왔으며, 이 책에서도 마찬가지다. 그래서 인간의 창의성을 꽃피지 못하게 하는 강압은 어떤 형태든 당연시될 수 없으며 정당성을 입증해야 한다고 단언한다. 국가를 비롯해 강압적인 힘을 가진 모든 제도는 항시 정당성을 입증해야 한다. 정당성을 입증하기 전까지의 초기 설정 상태로는 아무런 명분이 없기 때문이다. 세계 곳곳이 '자본주의 떼'(촘스키의 표현)로 덮이는 만일의 사태를 감안하면, 사회 주변부로 내몰리는 엄청나게 많은 사람을 보호하는 국가 개념에는 정당한 이유가 있다(산업자본이 강요하는 노동자의 억압된 삶을 완화시켜줄 수 있는 것은 오직 국가뿐이라고 생각했다는 점에서 애덤 스미스를 떠올리게 한다).[8]

그러나 이는 대부분의 사회가 가진 실제 국가 모습과는 많이 다르다. 오늘날의 국가는 듀이가 말한 것처럼 거의 기업들이 요구하는 대로 따른다. 그렇게 함으로써 본래의 아나키즘에서 사회주의 요소는 사라지고 오직 자유주의적인 요소만 남는다. 그 결과 민주주의는 '신민주주의'('신자유주의'에 부합하는)가 되며, 이런 제도 안에서는 누군가 가난으로 고통 받는다면, 그것은 그 사람이 선택했기 때문이다. 마치 홉스Hobbes가 말하는 것 같다. 따라서 이를 외면하고 자본주의 하에서 고통 받는 사람을 보호하는 국가를 정당화하는 행동은 아나키즘을 부정하는 것이 아니다. 오히려 역사적으로 일어나는 만일의 경우에도 한결같이 그 원칙을 적용하는 셈이다. 촘스키는 이 같은 요지를 브라질의 농민 운동에서 빌려와 내용을 덧붙였다며 아주 근사한 비유를 들어 표현한다. 사람들이 '쇠로 만든 새장'의 바닥을 넓혀 국가의 강압적인 권력을 줄이려고 할 때, 바로 그 새장이 사람들을 외부의 파괴적인 힘으로부터 보호해 준다는 것이다. 외부의 파괴적인 힘은 이 세상을 도저히 사람이 살 수 없는 곳으로 훼손하는데다가 사람들을 무력하고 피폐하게 만들고 소외시키기까지 한다.

이 책에 담긴 지식의 복잡성과 강도는 물론이고 그 범위와 독특함을 한 편의 짧은 글로 다 담아낸다는 것은 불가능한 일이다. 그러니 독자에게 별 도움이 안 될 것을 알면서도 나로서는 최선을 다해 요약했다. 하지만 내가 조금도 주저하지 않고 아무 조건도 없이 말하려는 바는 그렇게 시도하는 과정이 대단히 즐겁고 유익했기에 독자에게도 이 책을 직접 연구해 보라고 자신 있게 권할 수 있다. 앞서 언급한 특징들 때문만이 아니라, 철학과 과학에서 가장 심오한 질문을 다루는 이 책의 목적이 대단히 진지하며, 무엇보다도 이 책에 담긴 인간애가 어마어마하기 때문이다.

아킬 빌그래미Akeel Bilgrami(컬럼비아대 철학과 교수)

차례

What Kind of Creatures Are We?

언어란 무엇인가?

내가 이 책에서 전반적으로 다루고자 하는 '인간이란 어떤 존재인가?'라는 질문은 아주 오래전부터 제기되어 왔다. 그렇다고 내가 이 질문에 만족스러운 답을 제시할 수 있다고 착각하는 것은 아니다. 다만 적어도 몇 가지 영역, 특히 인간의 인지적 특성과 관련된 약간의 흥미롭고 중요한 견해나 새로운 견해도 있다고 보는 것은 무리가 아닐 듯하다. 또한 더 깊은 탐구를 가로막는 여러 걸림돌을 어느 정도 제거할 수 있으리라고 믿는다. 그 걸림돌에는 널리 용인되고 있으나 우리가 짐작하는 것보다 훨씬 근거가 약한 이론도 포함된다.

구체적으로는 갈수록 모호해지는 다음의 세 가지 질문을 살펴볼 것이다. '언어란 무엇인가?' '인간의 이해력이 지닌 한계는 무엇인가(만약에 있다면)?' '우리가 추구해야 할 공공선은 어떤 것인가?'

나는 '언어란 무엇인가?'라는 첫 질문으로 시작해서 처음에는 다소 제한적이고 전문적으로 보이는 질문도 세심하게 파고들면 대단히 폭넓은 영향을 미치는 결론에 도달할 수 있음을 보여주려고 노력할 것이다. 그런 결론은 그 자체로도 중요하지만 관련 학문 분야에서 보편적으로 알고 있는 내용이나 이따금 기본 원칙으로 간주되는 것과도 큰 차이가 있다. 여기서 관련 학문 분야란 언어학이나 언어와 정신에 관한 철학 등 넓은 의미에서의 인지과학을 가리킨다.

시종일관 논의할 주제는 내게는 너무나 자명한 이치로 보이는 것들이다. 다만 조금 특이한 유형이기 때문에 대부분의 사람은 그렇게 받아들이지 않는다. 그 점이 적어도 내게는 딜레마다. 아마 당신도 그 딜레마를 해결하는 데 흥미를 느낄 것이다.

다시 언어로 돌아가면, 지난 2,500년 동안 많은 연구가 집중적으로 진행되었음에도 언어란 무엇인가라는 질문에 대한 명확한 답을 구하지 못했다. 나중에 몇 가지 중요한 제안에 대해서는 언급을 하겠지만, 공백으로 남아 있는 답을 채우는 것이 과연 얼마나 중요한 일인지 의문이 생길 것이다.

언어의 어떤 면을 연구하든 언어가 무엇인가 하는 질문에 대한 답이 명확해야 한다. 최소한 암묵적으로라도 이 질문에 대한 답이 있어야만 언어에 관한 여러 가지 심각한 질문을 파고드는 것이 가능하다. 이를 테면 언어 습득과 활용, 기원은 물론이고, 언어의 변화와 다양성, 공통된 특징, 사회 속 언어 같은 질문이다. 그리고 인지 체계 자체와 그것의 다양한 쓰임새, 즉 대조적이면서도 서로 관련 있는 임무를 모두 아우르는 내부 메커니즘도 마찬가지다. 예컨대 어떤 생물학자도 눈이란 무엇인가에 대한 명확한 정의를 내리지 않은 채 눈의 발달이나 진화를 설명하려 들지는 못할 것이다. 언어 탐구도 마찬가지 이치가 작용한다. 그렇지 않다면 그렇게 되어야 한다. 흥미롭게도, 대부분의 사람은 질문을 그런 식으로 바라보지 않는다. 이에 대해서는 나중에 다시 살펴보겠다.

언어의 기본특성과 I-언어

언어가 무엇인지를 명확히 밝히려고 애쓰는 보다 근본적인 이유가 몇 가지 있다. '인간이란 어떤 존재인가' 라는 질문과 직접적으로 관련이 있는 이유다. "인간이 하등 동물과 다른 유일한 점은 대단히 복합적인 소리를 생각과 결부시키는 능력이 거의 무한정 더 크다."[1] 이렇게 결론 내린 사람은 찰스 다윈Charles Darwin이 처음은 아니었다. 게다가 "거의 무한정"이라는 전통적인 표현이 지금은 사실상 무한정으로 해석된다. 그러나 이런 전통적인 개념을 초기 인류 진화론의 틀에 맞추어 표현한 것은 다윈이 최초였다.

그 현대적 버전은 오늘날 인류 진화 연구를 선도하는 과학자 중한 명인 이안 태터설Ian Tattersall이 보여준다. 지금까지 구할 수 있는 과학적 증거를 검토한 그의 최근 보고서에 따르면, 예전에는 진화와 관련된 증거들로 "우리가 나중에 어떤 모습일지 그 조짐을 일찌감치" 파악할 수 있으리라고 믿었다. "그러나 현실은 그렇지가 않다. 왜냐하면 근대에만 독특하게 나타나는 [인간의] 감수성 습득이 최근에 갑작스럽게 벌어진 일이라는 것이 갈수록 분명해지고 있기 때문이다. … 게다가 이 새로운 감수성을 표출하는 데는 우리의 근대적인 모습에서 가장 주목할 만한 단 한 가지, 바로 언어의 발명이 거의 확실히 결정적인 계기로 작용했다."[2] 그렇다면 '언어란 무엇인가?'라는 질문의 답은 우리 인간의 근대적인 모습을 이해하고자 하는 사람이면 누구에게나 대단히 중요한 의미를 지닌다.

태터설은 이 느닷없고 갑작스러운 사건이 아마도 5만~10만 년 전이라는 아주 짧은 기간 내 어디쯤에서 벌어졌을 것이라고 추정한다. 정확한 시기는 확실하지 않다. 우리의 관심사는 그 정확한 시기가 아니라 언어가 그토록 갑작스럽게 발생했다는 점이다. 이 주제를 고찰한 연구에 대해서는 나중에 다시 살펴보겠지만, 그 양이 방대한데다가 계속해서 늘어나는 추세이며, 거의 서로 다른 입장을 보인다.

태터설의 설명이 기본적으로 정확하다면, 아주 한정된 실증적 증거가 보여주듯, 그 짧은 기간에 생겨난 것은 다윈이 말했던 "대단히 복합적인 소리를 생각과 결부시키는" 무한한 능력이었다. 그 무한한 능력은 분명 유한한 두뇌 안에 존재한다. 무한한 능력을 지닌 유한한 체계라는 개념은 20세기 중반까지 잘 받아들여졌다. 그래서 내가 보기에는 우리가 언어의 가장 기본적인 특성으로 인정해야 하는 것을 명확하게 표명할 수 있었다. 앞으로 기본특성basic property이라고만 언급하게 될 이것은 다음과 같이 정리된다.

모든 언어는 계층적 구조를 갖는 표현들의 무한집합을 제공하며, 각각의 표현은 두 개의 접합면에서 해석이 된다. 그중 하나는 표출externalization을 위한 감각운동 접합면이며, 다른 하나는 사고 처리를 위한 개념-의도 접합면이다. 이 같은 기본특성을 인정하면, 다윈이 말한 무한한 능력이니, 그보다 오래전에 언어는 의미를 지닌 소리라고 한 아리스토텔레스의 고전적인 문구 같은 구체적인 표현이 가능해진다. 다만 최근의 연구 결과, 소리는 그 범위가 아주 제한적이며, 이런 고전적인 표현이 심각한 오해를 불러온다고 볼 만한 합리적인 근거도 있다. 이에 대해서는 나중에 다시 살펴보겠다.

그렇다면 최소한, 모든 언어에는 기본특성을 충족시키는 연산 과정이 들어 있다. 그 결과 언어에 관한 이론은 그 자체로 생성적인 문법이며, 각각의 언어는 전문 용어로 I-언어라고 하는 것이 된다. 여기서 'I'는 내재적internal, 개인적individual, 내포적intentional이라는 뜻이다. 우리의 관심사는 실제 연산 과정을 밝혀내는 것일 뿐, 그것이 열거하는 대상, 전문 용어로 하면 연산 과정이 '강력하게 생성하는' 것에는 관심이 없다. 강력하게 생성된 표현들은 하나의 원리 체계에 맞게 만들어낸 예시들과는 대략적으로만 비슷하다.

'약한 생성'이라는 개념도 있다. 이미 만들어놓은 일련의 법칙과 유사하게 만들어진 표현들을 가리킨다. 외재적 언어를 의미하는 'E-언어'라는 개념도 있다. 나는 그렇지 않지만, 많은 사람이 말뭉치(코퍼스) 자료나 약하게 생성되는 표현들의 무한집합과 동일시한다.[3] 철학자와 언어학자, 인지과학자, 컴퓨터 과학자는 대체로 언어가 약하게 생성되는 것이라고 이해해 왔다. 그러나 인간의 언어에 대해 약한 생성이라는 개념을 규정할 수 있는지조차 명확하지가 않다. 그것은 기껏해야 I-언어라는 보다 근본적인 개념에서 파생된 말이다. 이런 사항이 1950년대에 폭넓게 논의되었다. 하지만 나는 의견 일치가 제대로 안 되었다고 믿고 있다.[4]

여기서는 관심의 범위를 I-언어로 제한할 것이다. I-언어는 인간의 생물학적 특성이자 (대부분) 두뇌를 구성하는 요소에 속하는 것으로, 생물학에서 사용하는 '기관'이라는 용어의 의미를 느슨하게 보았을 때 정신·두뇌의 한 기관이라고도 할 수 있다. 여기서 정신은 어느 정도 추상적인 개념의 두뇌를 의미한다. 이런 접근법을 가리켜 생물언어학적 관점이라고 부르기도 한다. 논란의 여지가 있다고 알려져 있지만, 내 생각에는 근거 없는 논란이다.

더 과거에는 언어의 기본특성을 명확하게 표명하지 못했다. 몇 가지 고전을 예로 들면, 페르디낭 드 소쉬르Ferdinand de Saussure에게 (적절한 의미에서) 언어는 하나의 공동체 구성원들 마음에 자리 잡은 어휘 이미지를 모아놓은 창고이며, 그것은 "그 공동체 구성원들이 합의한 일종의 계약에 따라서만 존재한다." 레너드 블룸필드Leonard Bloomfield에게 언어는 여러 상황에 관습적인 말소리로 반응하고, 그 소리에 행동으로 반응하는 습관이다.

그와 별도로 블룸필드는 언어를 "하나의 언어 공동체 안에서 만들어지는 모든 발화"라고 정의하기도 했다. 이는 앞서 윌리엄 드와이트 휘트니William Dwight Whitney가 "인간 사회에서 주로 생각을 표현할 때 사용되는, 입으로 발화되고 귀로 들을 수 있는 기호 전체", 따라서 "생각을 나타내는 소리 기호"라고 이해한 언어 개념과 비슷하다. 약간 다른 점들에 대해서는 나중에 다시 살펴보겠다. 에드워드 사피어 Edward Sapir는 언어를 "임의로 만든 상징체계를 수단으로 생각과 감정, 욕구를 전달하는, 순전히 인간적이고 본능과는 관련 없는 방식"[5] 이라고 정의했다.

언어를 이런 식으로 이해한다면, 마틴 주스Martin Joos가 말한 보아스Boas 식 전통(모든 집단이 독자적으로 문화 형태를 발전시킬 수 있다고 보는 미국의 문화인류학자 프란츠 보아스Franz Boas의 영향을 받은 전통을 말한다 - 옮긴이)을 좇아 언어의 차이가 임의적일 수 있으므로 새로운 언어는 반드시 선입견 없이 연구되어야 한다[6]고 믿는 것이 전혀 이상하지 않다. 그 결과 언어 이론은 말뭉치를 체계적인 형태로 줄이는 분석 과정으로 이루어지며, 기본적으로 세분화와 범주화 기법을 필요로 한다. 이 같은 구상을 가장 정교하게 발전시킨 것이 젤리그 해리스Zellig Harris의 《구조언어학에서의 방법Methods in Structural Linguistics》이었다.[7] 현대적으로 바꾸어 말하면, 여러 가지 표현을 처리하는 방법들의 체계가 언어 이론이라는 것이다.[8]

"언어는 유한한 수단의 무한한 활용을 수반한다"

예전에는 '언어란 무엇인가?'라는 질문이 이렇듯 기본특성을 무시하는 애매한 답밖에 내놓지 못해도 충분히 이해가 되었다. 그러나 오늘날 현대 인지과학에 이와 비슷한 대답들이 남아 있다는 것은 놀라운 일이다. 언어의 진화를 다룬 최신 연구들은 거의 다음과 같이 시작된다. "우리는 언어가 소리와 의미를 연결시키는 모든 능력을 가리키며, 그것을 뒷받침하는 하부구조까지도 아우르는 개념이라고 이해한다."[9]

이는 기본적으로 아리스토텔레스의 견해를 되풀이하는 것이며, 더 깊이 파고들기에는 너무 모호한 개념이다. 다시 말하지만, 어떤 생물학자도 시각 계통의 진화를 연구하면서 눈이 여러 가지 자극과 지각된 것을 연결시키는 모든 능력과 더불어 그것을 뒷받침하는 하

촘스키, 인간이란 어떤 존재인가

부구조까지도 아우른다고 가정하지 않는다.

훨씬 오래전, 근대 과학이 싹틀 무렵에도 다윈과 휘트니의 생각과 다소 유사한 구상이 엿보였다. 갈릴레오는 "종이 한 장에 적힌 20개 글자를 다르게 배열함으로써 … 자신의 깊은 생각을 다른 누군가에게 전달할 방법을 찾으려고 꿈꾸었던" 사람의 "숭고한 정신"에 놀라움을 표했다. 그것은 "모든 엄청난 창작을 능가하는" 성취이며 심지어 "미켈란젤로나 라파엘, 티치아노Vecellio Tiziano"의 작품보다도 뛰어나다고 했다.[10]

이 같은 인식과 더불어 일반적인 언어 사용이 갖는 창의적인 특성에 대한 좀 더 깊은 관심이 곧 데카르트 과학-철학의 핵심 요소로 자리를 잡았으며, 사실상 정신이 개별 실체로 존재한다는 중요한 근거가 되었다.

지극히 당연한 일이지만, 그것은 다른 생명체에도 우리처럼 정신이 있는지를 알아내는 여러 가지 실험을 고안하려는 노력으로 이어졌다. 특히 제로 드 코르드무아Géraud de Cordemoy가 유명하다.[11] 그 실험들은 '튜링 테스트(Turing test, 영국의 천재 수학자 앨런 튜링이 기계가 인공지능을 갖추었는지를 판단하기 위해 개발한 실험 - 옮긴이)'와 다소 비슷했지만, 구상 자체는 아주 달랐다. 드 코르드무아의 실험은 마치 산도를 가늠하는 리트머스 시험처럼 현실 세계를 단순하게 판별하려는 과감한 시도였다. 반면에 튜링의 모방 실험imitation game은 튜링 자신이 분명히 밝혔듯 그런 야망이 전혀 없었다.

이런 중요한 의문들을 제외하면, 언어 사용에 창의적인 면이 있다는 데카르트의 기본적인 통찰을 오늘날 의심할 이유가 하나도 없다. 언어 사용은 보통 환경에 맞게 한없이 창의적으로 이뤄지지만 환경이 그렇게 만드는 것은 아니다. 여기에는 중요한 차이가 있다. 게다가 언어 사용으로 다른 사람에게 그들도 자기 생각을 표현할 수 있다는 생각을 불러일으킬 수 있다. 우리가 환경이나 내적 조건에 의해 '자극을 받거나 고무되어' 이렇게, 혹은 저렇게 말할 수는 있지만, 그렇게 하도록 '강요당하는' 것은 아니라고 데카르트 계승자들은 말한다. 최근 자주 인용되는 훔볼트 경구, 즉 언어가 유한한 수단의 무한한 활용을 수반한다는 말이 '활용'과 관련 있음을 명심해야 한다. 좀 더 자세히 인용하면, 훔볼트는 이렇게 썼다.

"언어는 아주 독특하게도 끝이 없는, 정말로 무한한 영역과 마주한다. 그것이 우리가 생각할 수 있는 대상의 본질이다. 따라서 언어는 유한한 수단을 무한히 활용해야 하며, 언어와 사고를 일치시키는 능력을 통해 그렇게 할 수 있다."[12]

그 결과 훔볼트는 갈릴레오처럼 언어와 사고를 긴밀하게 연결시키는 이들의 전통을 따랐다. 거기서 훨씬 나아가, 태터설이 최근에 "우리의 근대적인 모습에서 가장 주목할 만한 한 가지"라고 한 언어 개념의 전통적인 버전을 제시했다고 볼 수 있다.

그동안 언어의 무한한 활용을 가능케 하는 유한한 수단을 이해하는 데 많은 진전이 있었다. 그러나 적절한 활용을 유도하는 관습을 이해하는 것처럼 비교적 범위가 한정된 문제에 대해서는 상당한 발전이 있었던데 반해 언어의 무한한 활용은 거의 미스터리로 남아 있다. 이 미스터리가 얼마나 심오한지 묻는 것은 좋은 질문이다. 이에 대해서는 2장에서 다시 살펴보겠다.

언어는 구조상의 최소 거리라는 특성을 활용

한 세기 전에 덴마크 출신 영어학자 오토 예스퍼슨Otto Jespersen은 제한된 경험을 토대로 어떻게 여러 가지 언어 구조가 "화자의 마음에 존재하게 되어" "각자 자기만의 문장", 특히 말하는 사람이나 듣는 사람 모두에게 새로운 "자유 표현"을 "만들어 내도록 이끌어줄 만큼 명확한" "구조의 개념"을 갖게 되는지 의문을 제기했다.[13] 그렇다면 언어학자의 임무는 이런 과정이 작동하는 원리와 그것이 어떻게 마음에서 일어나는지 찾아내고, 나아가 '모든 언어 문법의 기초가 되는 중요한 원리'를 밝혀내는 것이다. 그리고 그것을 통해 '인간의 언어와 사고의 가장 내밀한 본질을 더 깊이 이해하는 것'이다. 이런 생각이 지금은 덜 생소하게 들리지만, 구조주의·행동과학이 학문을 지배하다시피 했던 시대에는 예스퍼슨의 이 같은 견해와 그것에 영향을 준 전통까지도 무시를 당했다.

예스퍼슨의 구상을 달리 표현하면, 언어학자의 주된 임무는 다양한 I-언어가 지닌 접합면의 본질과 함께 그와 관련된 생성 절차를 탐구하고 이것들이 어떻게 마음에서 일어나고 활용되는지를 밝혀내는 것이다. 이때 주된 관심은 자연스럽게 '자유 표현'에 맞춰진다. 나아가 인간이 이해할 수 있는 I-언어의 본질을 결정하는 공통된 생물학적 특성을 밝혀내는 것이다. 이것이 예스퍼슨이 말한 "모든 언어 문법의 기초가 되는 중요한 원리"의 현대적 버전인 보편문법의 주제이며, 지금은 인간 고유의 언어 능력과 그것을 I-언어로 구체화하는 유전적 자질에 관한 질문으로 새롭게 표현된다.

20세기 중반에 생물언어학이라는 틀 안에서의 관점이 생성문법으로 전환되면서 언어 자체는 물론이고 언어와 관련된 주제들을 훨씬 폭넓게 탐구하는 길이 열렸다. 이후 유형학적으로 아주 다양한 언어에서 구할 수 있는 실증적 자료의 범위가 엄청나게 늘어났으며, 그 자료들은 오늘날 60년 전에는 상상도 할 수 없었던 깊이로 연구되고 있다. 관점의 전환이 일어나면서 개별 언어 연구에 언어 습득과 신경과학, 의식분열dissociations, 그밖에 많은 것이 포함될 만큼 관련 자료의 종류도 대단히 풍성해졌다. 심지어 다른 언어 연구에서 알게 된 사실까지도 개별 언어 연구 자료에 포함되는데, 이는 언어 능력이 공통된 생물학적 재능에 의존한다는 아주 확고한 전제가 있기에 가능한 일이다.

60년 전에 명쾌한 생성문법을 구축하려는 시도가 처음으로 이뤄지자마자 수수께끼 같은 현상이 많이 발견되었다. 기본특성이 명확하게 정리되거나 다뤄지지 않고, 통사론 또한 관습과 유추로 결정되는 '단어 활용'에 지나지 않는다고 여길 때는 전혀 눈에 띄지 않았던 현상이다. 이런 변화는 근대 과학이 태동하던 시절을 연상시키는 면이 있다.

수천 년 동안 과학자들은 익숙한 현상을 간단히 설명하는 것으로 만족했다. 예컨대 바위가 아래로 떨어지고 증기가 위로 올라가는 이유는 각자 제자리를 찾아가고 있기 때문이며, 이떤 대상끼리 상호작용하는 이유는 공감과 반감 때문이라고 믿었다. 또한 우리가 삼각형을 인식할 수 있는 이유는 그 형태가 공기를 통과해 우리 뇌 속에 깊이 새겨지기 때문이라고 보았다. 근대 과학은 갈릴레오와 다른 과학자들이 자연의 이런 현상에 의문을 품고 당혹스러워하면서부터 시작되었다. 그리고 이내 우리가 가졌던 많은 신념이 터무니없으며 우리의 직감이 틀릴 때도 많다는 것이 밝혀졌다. 이렇듯 기꺼이 의문을 품고 혼란스러워하는 태도는 어릴 때부터 심오한 탐구에 이르기까지 꾸준히 길러야 할 소중한 특성이다.

언어에 관한 수수께끼 중에서 60년 전에 처음 발견된 후 지금까지도 풀리지 않고 그대로 남아 있는 것이 하나 있다. 내가 대단히 중요한 의미를 갖는다고 생각하는 그 수수께끼는 단순하지만 신기한 사실과 관련이 있다. 다음의 문장을 살펴보자.

Instinctively, eagles that fly swim.
본능적으로, 나는 독수리가 헤엄을 친다.

여기서 'instinctively'라는 부사는 동사와 연결된다. 그런데 그 동사는 'fly'가 아니라 'swim'이다. 'eagles that instinctively fly swim(본능적으로, 나는 독수리가 헤엄을 친다)'이라고 머릿속으로 생각하는 것은 아무 문제가 없다. 그러나 그 생각이 위와 같이 표현되지는 않는다. 마찬가지로 'Can eagles that fly swim(나는 독수리가 헤엄을 칠 수 있을까)?'이라는 질문은 날 수 있는 능력이 아니라 헤엄치는 능력을 묻는 것이다.

혼란스러운 점은 절 맨 앞에 놓인 'instinctively'나 'can'이 먼 거리에 있는 동사와 연결된다는 사실이다. 단순히 선형적인 특성을 토대로 가까운 것과 연결하면 연산 작업도 훨씬 간단해지고 언어 처리에도 더 편리한 상태가 되었을 텐데 굳이 구조적인 특성을 바탕으로 멀리 떨어져 있는 동사와 연결되는 것이다.

언어는 이처럼 직선상의 최소 거리라는 훨씬 단순한 전략을 절대 사용하지 않고 구조상의 최소 거리라는 특성을 활용한다. 지금 살펴

본 문장이나 다른 많은 경우를 보아도 언어설계에서 처리상의 편의
는 무시된다. 전문적인 용어로 표현하면, 언어 규칙은 언제나 '구조
의존적'이며 선형적인 순서를 무시한다. 문제는 왜 그렇게 되어야 하
느냐이다. 영어만이 아니라 모든 언어가 그러하며, 이 한두 문장만
그런 것이 아니라 폭넓게 다양한 문장 구조가 그렇다는 점이 수수께
끼다.

　이런 문장 구조를 어린아이가 헷갈려하지 않고 반사적으로 이해
한다는 사실에 대해, 비록 증거는 미미하거나 아예 없지만 단순하고
그럴듯하게 설명하는 방법이 있다. 언어 학습자가 그런 예시 문장을
접하는 경우 선형적인 순서를 활용하지 못한다는 단순한 이유나. 언
어 학습자는 심층 원리를 따르기 때문에 탐색의 범위가 구조상의 최
소 거리로 제한되어 그보다 훨씬 단순한 직선상의 최소 거리를 적용
할 수가 없다는 것이다. 내가 아는 설명은 이것이 전부다. 당연히 추
가 설명이 필요하다. 왜 그렇게 되는지, 이런 특수한 조건을 만드는
보편문법, 즉 유전적으로 결정되는 언어의 특성이 대체 무엇인지를
설명해야 한다.

최소 거리 원칙은 언어설계에 널리 적용된다. 짐작건대 더 보편적

인 원리, 이를 테면 최소연산minimal computation 원리의 한 사례이며, 생물계 전체나 그보다 넓은 세계의 아주 보편적인 특성 중 하나일 것이다. 하지만 연산과 처리를 하기에는 직선상의 거리가 훨씬 단순함에도 불구하고, 최소연산이 직선상의 거리가 아닌 구조상의 거리로 제한된다는 점에서 언어설계에는 특수한 면도 있는 것이 틀림없다.

신경과학을 포함한 여러 분야에서 서로 다른 갖가지 증거를 제시하고 있다. 밀라노의 한 연구진은 두 가지 유형의 자극에 노출된 실험 참가자들의 두뇌 활성화를 조사했다. 두 가지 유형의 자극이란 보편문법에 부합하게 만든 언어와 그렇지 않은 언어다. 예컨대 보편문법에 부합하지 않는 경우란 부정문을 만들 때 부정의 뜻을 갖는 성분을 무조건 세 번째 단어 뒤에 놓는 식이다. 실제 사람의 언어에서 부정문을 만들 때 사용하는 규칙보다 훨씬 단순한 연산법이다.

이 실험 결과, 보편문법에 부합하는 자극을 접할 경우 참가자의 뇌에서 언어를 담당하는 영역이 정상적으로 활성화되었다. 반면에 선형적 순서가 적용된 자극의 경우에는 그렇지가 않았다.[14] 후자의 경우 제시된 자극이 언어와 무관한 문제로 인식되었다는 의미다. 지적 장애가 있지만 언어학적으로 뛰어난 재능을 지닌 사람을 대상으로 실험한 닐 스미스Neil Smith와 이안티 마리아 심플리Ianthi-Maria Tsimpli의 연구에서도 이와 비슷한 결론을 얻었다. 흥미로운 점은 지적 장애가 없는 사람들도 보편문법과 달리 선형적 순서를 적용한 표현들을 제대로 처리하지 못했다는 사실이다. 스미스는 다음과 같이 결론을 내렸다.

"실험 방식이 언어학적이라서 실험참가자들이 구조를 무시하고 적절한 일반화를 시도하는 데 어려움이 있었던 것으로 보인다. 언어학적이지 않은 환경에서는 참가자들이 비슷한 문제를 쉽게 해결할 수 있었다."[15]

컴퓨터 인지과학 분야에는 언어의 이런 특성을 빅데이터 통계 분석으로 알아낼 수 있음을 증명하려는 연구가 약간 있다. 사실 이렇듯 중요한 언어의 특성은 이런 조건에서 진지하게 다루어진 적이 거의 없다. 분석이 가능힐 만큼 확실한 시도는 모두 돌이킬 수 없을 정도로 실패했다.[16]

그러나 더 중요한 사실은, 그런 시도가 애초에 논점을 벗어나 있다는 점이다. 그러니 만약에 성공했더라도, 사실상 불가능한 일이지만, 원래부터 있었던 한 가지 진지한 질문, 즉 '언어는 '왜' 언제나 직선상의 최소 거리라는 더 단순한 선택이 있음에도 그것을 무시하고 구조상의 최소 거리라는 복잡한 연산을 활용하는가?'에 대해서는 전혀 답하지 못했을 것이다. 이 점을 파악하지 못했다는 이야기는 앞에서 언급했던, 기꺼이 의문을 갖고 혼란스러워하는 의지가 부족하다는 증거다. 그러나 이것이야말로 적어도 갈릴레오 이후에 자연과학에서 인정한 진지한 과학적 탐구의 첫걸음이다.

좀 더 개괄적인 이론으로는 구문론-의미론과 관련된 언어의 핵심 부분 연산에서는 선형적인 순서가 적용될 수 없다는 논리가 있다. 그러니까 선형적 순서는 언어의 부수적인 측면이며, 그것을 필요로 하는 감각운동 체계의 여러 속성 중 하나를 반영한다는 뜻이다. 우리가 순서 없이 동시에 말하거나 구조까지 말로 표현하는 것이 아니라 여러 단어를 늘어놓는 수밖에 없기 때문에 감각운동 체계는 순서를 필요로 한다. 이런 감각운동 체계가 특별히 언어의 본질적인 면에 맞추어 달라진 것은 아니다. 표출과 지각에 꼭 필요한 여러 가지 부분은 언어가 생겨나기 훨씬 전부터 이미 존재했던 것으로 보인다. 침팬지의 청각 계통이 인간의 말소리에 상당히 잘 적응했을 것이라는 증거도 있다.[17]

그러나 언어 습득에 관한 한 침팬지는 첫 걸음도 떼지 못한다. 주변의 '울림, 웅성거림, 소란'으로부터 언어 관련 정보를 전혀 추출해내지 못하는 것이다. 인간의 경우 태어나자마자 반사적으로 그렇게 하기 때문에 아주 작은 성취에도 속하지 않는 것과 대조적이다. 게다가 말을 하기 위해 성도vocal tract(성대에서 입술이나 콧구멍에 이르는 통로이다 — 옮긴이)를 제어하는 능력도 인간에게만 있는 것으로 보인다. 그러나 수화에 관한 최근 연구가 입증하듯이 인간의 언어적 표출이 양식에 얽매이지 않음을 감안한다면, 그런 사실에 그렇게 큰 의미를 둘 수는 없다. 더군다나 유인원에게 그만한 몸짓 능력이 있다는 것을 의심할 이유가 별로 없다. 분명한 것은 언어 습득과 설계에 훨씬 심오한 인지적 특성이 관여한다는 사실이다.

언어는 인간이 설계하는 도구가 아니라 생물학적 실체

의문이 아직 풀린 것은 아니지만, 이런 좀 더 개괄적인 논리가 사실상 옳을 것이라는 증거가 상당하다. 기본적인 언어설계가 순서나 다른 외적 처리 방식을 무시한다는 것이 대표적이다. 특히 언어의 핵심 부분에 속하는 의미 해석은 겉으로 표출된 형태에서 보이는 순서기 아니라 계층 구조에 의존한다. 그렇다면 기본특성은 내가 전에 정리했던 내용이나 내 논문을 포함한 최근의 문헌에서 서술하는 방식과 전혀 다르다. 오히려 기본특성은 계층적 구조를 갖는 표현들의 무한집합을 생성하는 것이며, 이렇게 생성된 표현들은 개념-의도 접합면과 연결되어 일종의 '사고 언어language of thought'를 제공한다. 여기서 여러 가지 흥미로운 의문이 생기지만, 그런 사고 언어만 제공할 가능성이 높다. 그런 표현들이 개념-의도 접합면과 연결되는 상태와 성격에 대해서도 흥미롭고 중요한 의문이 생기지만, 논외로 하겠다.

이런 식의 추론이 대체로 옳다면, 언어를 '생각의 도구'로 여기는 전통적인 이해 방식으로 돌아가, '언어는 의미를 가진 소리'라고 했던 아리스토텔레스의 표현을 '소리를 가진 의미'라고 수정할 타당한 이유가 있다. 좀 더 넓게 보면, 소리 형태로 표출되는 경우가 대부분이지만 다른 양식도 충분히 가능하다. 과거 세대의 수화 연구 결과를 보면, 음성 언어와 비교할 때 외적으로 표출되는 형태는 사뭇 달라도 구조와 습득, 그리고 신경계에 나타나는 모습까지도 놀랄 만큼 유사한 것으로 나타났다.

여기서 외적 표출은 아주 드물게 사용되는 것임을 짚고 넘어갈 필요가 있다. 언어를 사용해도 절대 외적으로 표출되지 않는 경우가 대부분이다. 일종의 마음 속 대화인 것이다. 관련 연구가 많지는 않지만, 레프 비고츠키Lev Vygotsky의 연구 결과[18]까지 거슬러 올라가더라도, 자기성찰이 암시하는 바와 일치한다. 적어도 내 경우에는 그렇다. 의식에 도달하는 것은 뿔뿔이 흩어진 파편이다. 이따금 완전한 형태를 갖춘 표현이 문득 떠올라도 너무 순식간이라 말로 표현할 수가 없다. 아마 설명조차 못 할 것이다. 이것은 지금껏 거의 밝혀진 것이 없는 흥미로운 주제다. 하지만 탐구의 대상은 될 수 있었으며 여러 가지 문제가 남아 있다.

표출에 관한 쟁점을 제외하면, 언어설계 연구는 언어가 본질적으로 생각의 도구라고 여기는 전통적인 개념을 진지하게 받아들이는 데 충분한 근거를 제시한다. 이제 표출은 부수적인 절차이며, 그 속성 또한 거의, 혹은 전적으로 독립된 감각운동 체계의 반사적인 반응이다. 더 깊은 연구도 이런 결론을 뒷받침한다. 언어 처리는 전체 언

촘스키, 인간이란 어떤 존재인가

어에서 부수적인 면이고, 외적 표출에 의존하는 언어 사용, 그중에서도 의사소통은 훨씬 지엽적이라는 것이다. 이 같은 결론은 의사소통에 대한 아무 근거 없는, 사실상의 도그마와 반대되는 내용이다. 또한 최근에 언어 진화에 관한 많은 추측이 의사소통에 초점을 두고 있는 것은 방향을 잘못 택했다는 이야기다.

언어의 기능이 의사소통이라고 보는 것은 정말로 도그마나 다름 없다. 이런 생각을 정리한 전형적인 예가 있다.

"하나의 언어 공동체에서는 사람들이 각각의 단어를 같은 의미로 사용하는 것이 중요하다. 이런 조건이 충족된다면 의사소통이라는 언어의 주된 목적이 쉽게 실현된다. 누군가 대부분의 사람이 이해하는 의미로 단어를 사용하지 못한다면 다른 사람과 효과적으로 의사소통하기가 어려울 것이다. 그 사람으로 인해 언어의 주된 목적이 좌절되는 것이다."[19]

우선 언어가 목적을 갖는다는 생각 자체가 이상하다. 언어는 인간이 설계하는 도구가 아니라 생물학적 실체다. 시각 계통이나 면역 계통, 소화기 계통과 마찬가지라는 이야기다. 이따금 이런 기관도 기능이 있다거나 어떤 목적을 '위해' 존재한다고 할 때가 있지만, 그 또한 명확한 개념과는 거리가 멀다.

척추를 예로 들어보자. 척추의 기능은 우리가 똑바로 서 있게 해주는 것인가, 아니면 신경을 보호하는 것인가? 아니면 혈액 세포를 생산하는 것인가, 칼슘을 저장하는 것인가? 아니면 이 모든 것인가? 언어의 기능과 설계에 관해 물을 때도 이와 비슷한 의문이 생긴다. 여기서 보통 진화론적 고려를 하게 되는데, 결코 간단치가 않다. 척추도 마찬가지다. 언어에 관한 한 진화와 관련된 여러 가지 추측은 대개 동물계 전체에서 발견되는 유형의 의사소통 체계에 의존한다. 그러나 이 또한 근대적인 도그마를 반영하는 것이며, 더 파고들 수 없는 막다른 골목일 가능성이 높다. 그 이유에 대해서는 앞서 언급했으며 뒤에서 다시 살펴볼 것이다.

더군다나 언어가 의사소통을 위해 사용된다 하더라도 의미(혹은 소리나 구조)가 같아야 할 필요는 없다. 의사소통은 맞고 틀리고가 아니라 정도의 차이가 있을 뿐이다. 유사성이 충분치 않을 경우 의사소통에 어느 정도 문제가 생기며, 그것은 지극히 일상적인 일이다.

'의사소통'이라는 용어가 실질적인 의미는 거의 없고 다양한 유형의 사회적 상호작용을 포괄하는 용어로 사용됨에도 그게 무슨 상관이냐는 듯 의사소통은 여전히 실질적인 언어 사용의 일부분으로 남아 있다.

요컨대 의사소통에 관한 일반적인 도그마를 뒷받침할 아무런 근거가 없으며 이제는 그것이 엉터리에 불과하다는 증거가 꽤 많다. 언어가 이따금 의사소통을 목적으로 사용되는 것은 의심할 바 없는 사실이지만, 그것은 옷 입는 스타일이나 얼굴 표정, 눈빛, 그밖에 다른 여러 가지도 마찬가지다. 언어설계의 기본적인 속성은 언어가 본질적으로 생각의 도구라고 여기는 풍부한 전통이 옳다는 것을 보여준다. 훔볼트처럼 언어와 사고를 동일시하지는 않더라도 말이다.

병합 측면에서 언어는 최소연산 원칙을 따른다

기본특성을 좀 더 면밀히 살펴보면 이런 결론이 한층 확고해진다. 당연히 우리는 기본특성을 가장 단순하게, 임의의 조건을 최소화한 논리로 설명할 방법을 찾는다. 임의의 조건 하나하나가 궁극적으로 언어의 기원을 설명하는 데 걸림돌이 되기 때문이다. 그리고 이렇게 과학적 기준에 맞는 방법에 의지할 때 얼마나 더 깊게 들어갈 수 있을지가 궁금하다.

관련된 모든 연산 과정에 어떤 식으로든 포함되는 가장 단순한 연산 작업은 이미 구축된 X와 Y라는 표현을 가지고 Z라는 새로운 표현을 만드는 것이다. 이것을 '병합merge'이라고 부르자. 최소연산은 병합에 의해 X나 Y가 달라지는 일은 없으며 다만 순서를 무시하고 Z에 나타난다는 것을 원칙으로 한다. 그 결과 병합$(X, Y)=\{X, Y\}$라는 식이 성립한다. 물론 일부에서 잘못 알고 있는 것처럼, 뇌 속에 모든 집합이 들어 있다는 뜻은 아니다. 그보다는 뇌에서 벌어지는 일을 이런 식으로 적절히 특징을 잡아 설명할 수 있다는 뜻이다. 우리가 시험관에서 케쿨레Kekule의 벤젠 화학 구조를 발견할 것으로 기대하지 않는 것과 똑같다(케쿨레는 우연히 꿈에서 힌트를 얻어 벤젠의 화학 구조를 발견했다-옮긴이)."

병합이라는 측면에서 언어가 정말로 최소연산 원칙을 따른다면, 우리는 어째서 선형적인 순서는 언어의 부수적인 속성에 불과하여 핵심이 되는 구문론이나 의미론적 연산에는 적용이 안 되는가라는 수수께끼에 지대한 영향을 미칠 수 있는 답을 이미 갖고 있다는 점을 주목하자. 이 점에서 언어설계는 완벽하다(왜 그런지는 다시 의문이 들 수 있다). 좀 더 살펴보면 이런 결론을 뒷받침하는 증거들이 나타난다.

X와 Y가 병합이 된다고 가정해 보자. X와 Y는 서로 겹치는 부분이 없다. 이를 테면 'read'와 'that book'을 결합하여 'read that book'과 같은 구문을 만드는 것이다. 이런 경우를 '외적 병합external merge'이라고 부르자. 이번에는 하나가 다른 하나의 일부분과 겹친다고 가정해 보자. 'Y=which book'이고, 'X=John read which book'이다. 둘을 결합하면 'which book John read which book'이 되는데, 나중에 살펴볼 추가 작업을 거쳐서 'which book did John read'로 표면화된다.

이것은 언제 어디서나 일어나는 자연어의 전치displacement 현상을 보여주는 사례다. 전치란 어느 한곳에서 발음된 구절이 그 위치는 물론이고 다른 위치에서도 해석이 되는 현상이다. 그래서 이 문장

촘스키, 인간이란 어떤 존재인가

은 'for which book x, John read the book x'로 이해가 된다(여기서 x는 결속변항bound variable을 나타내는 것으로, which book 자리에 무엇이 들어가든 the book과 동일한 성분, 즉 John read의 목적어로 해석이 된다는 의미이다 - 옮긴이). 이 경우, X와 Y를 병합한 결과는 다시 {X, Y}다. 다만 Y(=which book)의 복사copies가 두 개다(촘스키는 내적 병합으로 자리를 이동하거나 삭제된 표현의 원래 자리에 그 흔적이 남아 있다고 보며 그것을 복사라고 부른다 - 옮긴이). 하나는 원래대로 X에 남아 있고, 나머지 하나는 X와의 병합으로 자리를 옮긴 복사다. 이것을 '내적 병합internal merge'이라고 부르자.

전문가의 문헌에서도 흔히 발견되는 오해를 피하는 것이 중요하다. '복사'나 '재병합'이 실제 연산 과정으로 존재하는 것은 아니다. 내적 병합으로 두 개의 복사가 생기기는 하지만, 최소연산 원칙에 따른 병합의 결과물이다. 최소연산 원칙은 병합된 어떤 성분도 변형시키지 않고 가장 단순한 형태를 유지한다. 복사나 재병합 같은 새로운 개념은 불필요한 과잉일 뿐만 아니라 내적 병합이라는 대단히 특수한 조건에 따르도록 엄격하게 제한되지 않는 한 많은 어려움을 초래한다. 병합이라는 가장 단순한 개념만 있을 때는 모두 저절로 충족되는 조건이다.

두 부분을 병합할 때는 오직 외적 병합과 내적 병합 두 경우만 있을 수 있다. 이미 만들어져 있는 두 개의 구문에 적절한 방법으로 병합을 적용하면, 다른 추가 조건 없이도 외적 병합과 내적 병합이 저절로 일어난다. 병합의 두 가지 경우 중 어느 하나를 차단하거나, 둘 중 하나를 복잡하게 만들려면 조건이 필요할 것이다. 이것은 중요한 사실이다. 전치는 오랫동안 언어가 가진 일종의 '결함'이며, 보편문법에 관한 좀 더 복잡한 장치와 가정으로 해명되어야 할 특이한 속성이라고 간주되었다. 나 역시도 그렇게 생각했다. 하지만 사실이 아닌 것으로 드러났다. 전치는 우리가 가장 단순한 전제를 바탕으로 예상해야 하는 것이다. 그런데 전치가 결함이라면 무언가 더 있어야 한다는 말이다. 외적 병합이 왠지 더 단순하고 설계나 진화에서 우선될 것이라고 주장하는 경우가 있다. 그러나 전혀 근거 없는 믿음이다. 오히려 내적 병합의 경우 많은 주의를 기울여야 하는 것이 아니라 연산에 필요한 대상을 찾는 범위가 훨씬 좁기 때문에 더 단순하다고 주장할 수 있다.

또 다른 중요한 사실은 최소연산이라는 핵심 원칙을 만족시키는 가장 단순한 형태의 내적 병합은, 'which book did John read'라는 간단한 예에서 살펴본 것처럼 대개 의미 해석에 적합한 구조를 만들어 낸다는 것이다. 그러나 이런 구조는 감각운동 체계와 맞지 않다. 보편적으로 언어에서는 이처럼 똑같은 표현들(복사)이 있을 때 구조상 가장 중요한 것만 소리로 표현되고, 상대적으로 덜 중요한 것은 삭제된다. 이 같은 복사 삭제 원칙에는 흥미로운 사실을 보여줄 뿐만 아니라 사실상 보편적인 논리를 뒷받침하는 예외들도 있지만, 논외

촘스키, 인간이란 어떤 존재인가

로 하겠다.[20]

복사 삭제 역시 연산과 발음을 가능한 최소화하려는 명백한 최소 연산 원칙 적용의 결과다. 그 결과, 발음된 문장에는 몇 군데 '공백 gap'이 생긴다. 그래서 듣는 사람이 어느 성분이 사라졌는지를 찾아내야 한다. 이럴 경우 지각과 구문분석parsing 연구를 통해 잘 알려진 것처럼, 언어를 처리하는 데 어려운 문제가 생긴다. 이른바 '공백 채우기filler-gap' 문제다. 이렇게 아주 폭넓게 적용되는 사례 역시, 언어 설계가 최소연산을 선호하며 언어를 처리하고 사용할 때의 복잡성은 무시한다는 것을 보여준다.

내적 병합 대신에 다른 기제를 내세우는 언어 이론은 어떤 것이든 이중으로 입증해야 하는 부담을 지게 된다는 점을 주목하자. 내적 병합을 차단하는 조건과 함께 전치를 설명하기 위해 새롭게 고안한 기제에 대해서도 그 타당성을 증명해야 하기 때문이다. 여기서 전치는 사실상 의미 해석에 유리한 형태인 복사를 갖는 전치를 말한다.

이 같은 결론은 더 복잡한 사례에도 똑같이 적용된다. 예를 들어 다음 문장을 생각해 보자.

[Which of his pictures] did they persuade the museum that [[every painter] likes best]?

67

이 문장은 다음의 기저 구조가 내적 병합을 거쳐 만들어지는 것
이다.

[Which of his pictures] did they persuade the museum that
[[every painter] likes [which of his picture] best]?

내적 병합의 직접적인 결과로는 이렇듯 전치 현상이 일어나고 두
개의 복사가 생긴다. 'which of his pictures'를 발음하면, 사람들
은 그것이 비어 있는 'likes'의 목적어라고 이해한다. 이를테면 'They
persuaded the museum that [[every painter] likes [one of his
pictures] best]'에서 'one of his pictures'와 똑같은 성분으로 이해
하는 것이다. 이런 해석은 두 개의 복사를 갖는 기저 구조를 통해서
만 알 수 있다.

게다가 "[which of his pictures] did they persuade the mu-
seum that [[every painter] likes best]?"에서는 every와 his의
수량형용사-변항 관계가 문장 전체에 영향을 미친다. 이 경우 'his
first one'이라고 답할 수 있다. 화가마다 다르다는 뜻인데, 'they
persuaded the museum that [[every painter] likes [one of his
pictures] best]'라는 구조의 한 가지 해석을 따른 결과다. 그러나 구
조가 비슷한 다음의 문장에 대해서는 이런 식의 대답이 불가능하다.

[Which of his pictures] persuaded the museum that [[every painter] likes flower]?

이 경우 'his pictures'는 'every painter'의 영역에 들어가지 않는다. 확실히 수량형용사-변항의 결속은 물론이고 동사-목적어 해석에 필요한 구조를 알려주는 것은 발음되지 않는 복사 부분이다. 다시 말하지만, 이 또한 외적으로 표출되지 않는 내적 병합과 복사 삭제가 가져온 직접적인 결과다. 이와 비슷한 예문은 많다. 다만 복잡성이 증가할수록 흥미로운 문제도 뒤따른다.

'Instinctively, eagles that fly swim' 같이 비교적 단순한 예문과 마찬가지로 어떤 형태든 데이터를 처리해서 이런 표현을 만들어 낸다는 것은 상상도 할 수 없다. 더욱이 언어 학습자에게는 사용 가능한 관련 데이터가 없다. 따라서 이런 결과물은 흄의 표현을 빌리자면 "자연의 신성한 손끝에서" 비롯되는 것이고, 우리 식으로 표현하면 유전적 재능, 특히 최소연산과 같은 보편적인 원칙과 보편문법의 상호작용으로 결정되는 언어설계의 결과물이 틀림없다. 이런 식으로 보편문법의 본질에 관한 아주 영향력 있고 확고한 결론을 이끌어낼 수 있다.

보편문법이 거짓으로 밝혀졌다거나 존재하지 않는다고 주장하는 문헌들을 자주 본다. 그러나 이것은 틀림없는 오해다. 보편문법의 존재, 즉 언어 능력의 기초가 되는 생물학적 재능을 부정하는 것은 다른 생물과 달리 인간에게만 언어가 있는 것이 기적이라고 보는 것과 같다. 그러나 이런 주장이 가리키는 대상은 짐작건대 보편문법이 아니라 기술적 일반화descriptive generalization이다. 이를테면 언어 보편성에 관한 조셉 그린버그Joseph Greenberg의 아주 중요한 제안 같은 것들이다. 예컨대 신경철학자 콰인의《단어와 대상Word and Object》개정판 서문에서[21] 신경과학자 패트리샤 처칠랜드Patricia S. Church-land는 관련 없는 인용구와 함께 다음과 같이 말한다.

"이론가들이 오랫동안 애지중지했던 언어학적 보편성이 그 타당성을 부정하는 현장 언어학자들의 데이터 앞에서 하나 둘 힘없이 무너졌다."

그녀는 이것이 "방법과 증거들을 시의 적절하게 성찰한다면 언어학적 보편성에 대한 이런저런 얘기를 자제했을 것"이라는 콰인의 시각에 동조하는 것으로 여기는 듯하다. 그러나 콰인이 말한 언어학적 보편성이라는 것도 언어에 대한 일반화를 의미한다.

사실 대체로 타당하고 아주 중요한 일반화는 물론이고 보편문법의 변함없는 속성을 발견하고 확인시켜준 이들이 바로 현장 언어학자들이다. 여기서 '현장 언어학자'라는 말은 그들이 연구하는 곳이 아마존 정글이든, 아마존 유역의 대도시 벨렘Belem이든, 아니면 뉴욕의 연구실이든, 장소에 상관없이 실질적인 데이터를 중시하는 언어학자를 의미한다.

이런 견해에 담긴 작은 진실 조각 하나는 일반화에도 예외가 따르게 마련이며, 그것이 탐구를 자극하는 요인이 될 수 있다는 것이다. 앞서 언급한 복사 삭제 원칙의 예외도 그런 경우다. 이것은 과학에서 흔히 경험하는 일이다. 천왕성 궤도에서 섭동(행성의 궤도가 다른 천체의 영향을 받아 정상적인 타원을 벗어나는 현상이다 – 옮긴이)이 발견되었다고 해서 뉴턴의 법칙이나 케플러 법칙을 폐기하거나, 나아가 물리학 법칙 자체가 존재하지 않는다고 결론 내리지 않았다. 대신에 또 다른 행성이 있을 것이라는 가정을 세웠고, 훗날 해왕성을 발견했다. 대체로 타당한 기술적 일반화에서 예외가 발견될 경우 과학에서는 이렇게 탐구를 자극하는 역할을 하는 것이 대단히 일반적이며, 이것은 언어 연구에서도 자주 일어났다.

그렇다면 언어가 최적으로 설계되는 경우, 의미 해석에는 유리하지만 인식과 처리(그에 따른 의사소통)를 하기에는 어려운 구조가 만들어진다는 것을 납득할 만한 증거가 꽤 방대하다. 다른 예도 많다. 수동태를 보자. 언어가 의사소통하기 편하게 설계된다는 믿음을 뒷받침하는 증거로 보통 수동태를 이야기한다. 예컨대 'the boys took the book'이라는 문장에서 'the book'을 전면에 부각시키고 싶으면, 수동태로 전환하여 'the books were taken by the boys'라고 할 수 있다. 그러나 사실은 반대다. 언어설계는 최소연산 원칙을 따르기 때문에 보통 이런 식으로 연산하지 못하게 막는다. 'the boys took the books from the library'라는 문장에서 'the library'를 전면에 내세우고 싶다고 가정해 보자. 'the library was taken the books from by the boys'라는 문장은 언어설계에서 아예 만들어지지 못할 뿐만 아니라 의사소통에도 방해가 된다.

재미있는 것은 연산의 효율성과 소통의 효율성 사이에 직접적인 갈등이 발생하는 경우다. 우리가 알고 있는 사례에서는 예외 없이 연산 효율성이 우세하고 소통의 편리는 희생된다. 우리에게 익숙한 예도 많다. 구조적으로 이중 의미를 갖는 문장이나, 'the horse raced past the barn fell(경주 중에 마구간을 지나 달려가던 말이 쓰러졌다)'처럼, 처음 보면 비문법적이라고 생각되는 '정원의 미로 같은 문장garden path sentences'(구조상에 문제는 없지만 정원의 미로처럼 구조를 쉽게 파악하기가 어려워 의미가 아리송한 문장을 뜻한다 - 옮긴이)이 그런 경우다. 또 한 가지 아주 흥미로운 경우는 이른바 '섬islands'이라고 불리는 구조다. 추출(내적 병합)이 불가능하지만 연산 효율성이라는 원칙에 입각해 설명될 수 있는 독특한 구조다. 다음의 문장과 관련된 질문들이 그 예다.

They asked if the mechanics fixed the cars.

그들은 기술자들이 자동차를 고치는지 물었다.

우리가 'how many cars'라고 물을 경우 'How many cars did they ask if the mechanics fixed?'가 된다. 아니면 'how many mechanics'를 질문할 수 있다. 그럴 경우 'How many mechanics did they ask if fixed the cars?'가 된다. 그러나 이 두 의문문의 상태에는 심각한 차이가 있다. 'how many mechanics'라고 질문하는 것은 좋은 생각이지만, 이런 식이 아닌 완곡어법circumlocution으로 표현되어야 한다. 이 또한 의사소통에 방해가 되며, 전문 용어로는 공범주 원리empty category principle 위반이다(촘스키는 병합에 의해 어떤 범주가 이동하면 빈자리에 흔적을 남기며 그 흔적은 고유 지배되어야 한다는 이동 규칙을 제안했다. 두 번째 질문의 경우 if 다음에 주어 자리가 비어 있어서 공범주 원리 위반이다 – 옮긴이). 그러나 공범주 원리에도 이탈리어의 경우처럼 반례가 있는 것 같다. 그런 예외를 인정함으로써 루이지 리치Luigi Rizzi는 영 주어 언어null subject languages의 성격을 발견하고[22] 공범주 원리를 더 강하게 뒷받침했다. 이 또한 이미 제안된 일반화와 그에 대한 명백한 예외들의 가치를 보여주는 사례다.

이와 유사한 사례는 많다. 우리가 이해할 수 있는 한, 그 구조들은 가장 단순한 규칙이 자유롭게 작용한 결과라 인식과 처리에 어려

73

1. 언어란 무엇인가?

움을 준다. 거듭 말하지만, 언어설계에서 처리와 소통의 편의가 연산 효율성과 갈등을 일으키는 경우, 지금까지 알려진 바로는 처리와 소통의 편의가 희생된다. 이것은 언어가 생각의 도구라고 여기는 관점을 한층 뒷받침한다. 겉으로 표출되는 부수적인 처리, 즉 의사소통과 여러 가지 다른 표면화되는 언어 사용을 수반하는 완벽한 설계라는 흥미로운 측면에서 그렇다. 흔히 있는 일이지만, 실제로 눈에 보이는 것은 그 기저에 자리 잡은 원리들에 대해 심한 오해를 일으킨다. 노벨물리학상 수상자 장 바티스트 페렝Jean Baptiste Perrin이 표현했듯이 과학에서 가장 중요한 능력은 '눈에 보이는 복잡한 것을 눈에 보이지 않는 단순한 것'으로 압축하는 기술이다.

언어도 자연의 법칙을 따라야 한다

무엇이 중요한지 좀 더 확실하게 짚고 넘어가기 위해 지금껏 살펴본 논의를 처음부터 좀 더 원칙적으로 정리해 보자.

출발은 언어의 기본특성이다. 과학에서 일반적으로 사용되는 방식을 적용해 언어의 기본특성을 반영하는 최적의 연산 체계가 어떤 모습일지 의문을 제기한다. 그 답은 가장 단순한 형태의 '병합'이다. 병합에는 외적 병합과 내적 병합 두 종류가 있고, 내적 병합은 '이동 복사 이론copy theory of movement'으로 설명이 된다. 광범위하고 중

촘스키, 인간이란 어떤 존재인가

요한 여러 사례에서 보듯, 이 이론은 개념-의도 접합면에서 의미 해석에 적합하지만 순서나 다른 정렬을 무시하는 형태를 만들어낸다. 이렇게 내부에서 만들어진 형태는 표출이라는 부수적인 절차를 통해 감각운동 체계에 적합한 형태로 바꾼다. 그 형태는 외적 표출에 사용되는 감각의 양상에 따라 달라진다. 외적 표출 또한 최소연산 원리를 따르기 때문에 복사는 삭제되고 (의사소통이라는 특별한 경우를 포함한) 언어 처리와 사용에 어려움을 준다. 최적의 설계라는 가정이 낳은 한 가지 부수적인 결과는 규칙들이 하나같이 구조 의존적이라는 점이다. 이로써 처음에 논의했던 수수께끼는 물론이고 그와 비슷한 다른 의문도 해결이 된다.

최근 몇 년 사이 '최소주의'라고 불리고 있는 좀 더 광범위한 연구 프로젝트는 이른바 '강력최소주의strong minimalist thesis, SMT'라고 하는 최적의 설계를 가정하는 것에서 출발한다. 그리고 그 가정이 우리 눈에 보이는 세상 언어의 복잡하고 다양한 특성에도 불구하고 얼마나 오래 유지될 수 있는지 연구한다. 가정에서 어긋나는 것이 발견되면, 그 데이터를 재해석하거나 최적의 연산 원칙들을 수정할 수 있는지 살펴봄으로써 그 문제를 SMT의 틀 안에서 해결한다. 그 결과 자연은 단순하다는 갈릴레오의 가르침을 전혀 예상치 못했던 흥미로운 영역에서도 뒷받침하게 된다. 증명하는 것은 과학자의 임무다. 당연히 도전의식을 자극하는 일이다. 아직도 많은 문제가 남아 있지만 불과 몇 년 전과 비교해 보아도 꽤 현실성 있는 작업이라고 말해도 무리가 아니라고 생각한다.

이런 논리는 즉시 또 하나의 의문을 제기한다. 왜 언어는 강력최소주의에 맞게 최적으로 설계되어야 하는가? 이 질문은 언어의 기원을 생각해 보게 만든다. 강력최소주의 가정은 극히 제한적인 증거에 부합한다. 태터설이 말한 것처럼 진화에 걸린 시간의 척도로 보면 언어는 아주 최근에 갑자기 생겨난 것이기 때문이다. 오늘날 연구와 탐구의 길을 풍성하게 열어놓은 한 가지 그럴듯한 추측은 두뇌 배선이 조금 바뀌면서 자연스럽게 가장 단순한 형태의 병합이 가능해졌고, 그로 인해 한없이 창의적인 사고의 토대를 제공했다는 것이다. 이것은 고고학적 기록에 비춰보면 '대약진'이며, 근대적 인간을 그 조상은 물론이고 다른 동물과도 구별시켜 주는 확실한 차이점이다.

이런 추정이 유지되는 한, 우리는 최적으로 보이는 언어설계에 관한 질문에 답을 얻을 수 있다. 선택적이든 아니든 어떤 형태의 압력도 작용하지 않는 가상의 환경에서 벌어지는 일을 예상해 보면, 언어라는 비교적 최근에 생겨난 체계도 자연의 법칙을 따라야 한다. 다만 이 경우에는 그 법칙이 눈송이가 만들어질 때의 법칙이 아니라 최소 연산 원리다.

이런 이야기는 수박 겉핥기에 불과하다. 그러나 '언어란 무엇인가?'라는 질문이 왜 그렇게 중요한지에 대한 설명은 될 수 있다. 더불

어 이런 근본적인 질문에 깊은 관심을 기울일 때 인간이 과연 어떤
존재인가에 관한 연구에도 많은 영향을 미치는 결론에 이를 수 있다
는 것 또한 설명이 된다.

What Kind of Creatures Are We?

우리는 **무엇**을 **이해**할 수 있는가?

02

1장에서는 '언어란 무엇인가?'에 대해 논의하고, 인간의 독특한 소유물인 언어를 면밀히 탐구함으로써 우리가 어떤 존재인지와 관련해 무엇을 알아낼 수 있는지 살펴보았다. 꽤 많은 것을 제안하고 구체적으로 설명하려는 노력도 했다고 생각한다. 2장에서는 우리의 인지 능력에 관한 여러 가지 질문을 좀 더 폭넓게 살펴보고, 특히 그것들이 우리가 가진 이해력의 범위와 한계에 어떻게 포함되는지를 알아보고자 한다.

우리의 인지 능력은 신체 능력과 비슷하다

'신신비주의new mysterianism'라고 부르는 개념이 있다. 이 말을 만

81

든 철학자 오웬 플래너건Owen Flanagan에 따르면, 인간의 의식을 완벽하게 설명하지 못할 것이라 믿으며 "과학만능주의의 심장에 대못을 박으려고 하는 포스트모던적인 태도"를 말한다.[1] 신신비주의라는 말은 그 사이 인간의 지능으로 이해할 수 있는 설명의 범위와 성격에 관한 더 폭넓은 질문까지 포함하게 되었다. 나는 신신비주의를 이렇게 좀 더 넓은 의미로 사용하려고 한다. 나는 그것이 더 중요한 의미라고 생각하기 때문이다.

나는 이런 포스트모던적인 기괴한 이설異說에 책임이 있는 주범으로 거론된다. 개인적으로는 자명한 이치라는 다른 이름을 더 선호하는데, 내가 40년 전에 '문제problem'와 '미스터리'의 차이를 주장할 때 생각했던 것이다. 문제는 우리의 인지 능력으로 해결할 수 있는 것이며, 미스터리는 그 범위를 넘어서는 것이다.[2] 퍼스가 귀추법을 설명하는 내용에서 빌려온 용어로 표현하자면, 인간의 정신은 과학적 탐구와 그에 따른 인지적 성과의 기반인 "용인되는 가설"의 유한집합을 제공하는 생물학적 체계다. 단순한 논리상, 이 체계는 우리가 아예 접근할 수 없는 가설과 개념은 물론이고 접근할 수 있더라도 너무 요원한 계층은 배제해야 한다. 퍼스의 생각은 아니겠지만, 우리 인간과 구조가 다른 정신을 가진 대상이라면 쉽게 접근할 수 있는 내용일지도 모른다. 언어에서는 보편문법이 이와 동일한 역할을 수행하며, 기본적인 원리는 모든 생물학적 능력에 적용된다.

퍼스의 귀추법 개념은 흔히 최상의 설명을 추론하는 것으로 해석이 된다. 완전히 발전시키지 못해서 그렇지, 그것을 훨씬 뛰어넘는 개념이다. 결정적으로 퍼스는 "용인되는 가설"의 '한계'를 주장했다. 그는 "정확한 이론을 구상하는" 전제조건으로 그 한계를 아주 좁게 생각했다. 퍼스는 과학 지식의 발달을 염두에 둔 것이었지만, 상식적인 이해력 습득, 특히 언어 습득에도 똑같이 적용된다.[3]

심지어 우리가 만들어낼 수 있는 질문에도 똑같이 적용되어야 한다. 우리의 본유적 구조innate structure는 표현 가능한 질문을 아주 풍성하게 제공하는 한편, 그렇지 않은 것은 차단한다. 물론 다른 정신을 가진 존재라면 적절한 질문이라고 인식힐 수도 있는 것들이다. 내가 인용했던 흄의 생각도 이와 비슷한 면이 있다. 흄은 "짐승"과 마찬가지로 "인간의 지식 대부분이" "자연의 신성한 손끝에서 비롯되는" "일종의 타고난 본능"에 의존한다고 인식했다. 우리 식으로 표현하면 유전적 재능을 뜻한다. 결국 같은 결론이다.

이 모든 것이 내게는 자명한 이치에 가까울 것 같다. 다만 다수의 저명한 인물이 비슷한 결론에 이르게 된 것과는 다른 이유에서다. 우리가 천사가 아닌 생물 유기체라면, 우리의 인지 능력은 '신체 능력'이라고 불리는 다른 것과 비슷하다. 따라서 신체의 다른 기관도 이와 같은 방식으로 연구되어야 한다.

소화기 계통을 예로 들어보자. 척추동물에게는 '제2의 뇌'라고 불리는 '장-뇌gut brain'가 있다. "독립적으로 신경을 통합하고 처리하는" 장 내 신경계를 말한다. 그 구조와 성분 세포를 보면 "주변의 다른 기관보다 두뇌와의 유사성이 더 강하다." 장에는 척추보다도 많은 신경세포가 있으며, 사실 다른 말초신경계 전부를 합한 것보다도 많다. 작은창자에만 1억 개의 신경세포가 있다. 장-뇌는 "두뇌에서 발견되는 모든 종류의 신경전달물질을 고스란히 보유한 거대한 화학물질 창고"이기도 해서 "뇌처럼 복잡하고 풍부한" 내부 소통도 가능하다. 장은 "두뇌나 척수의 명령이 전혀 없어도 반사적으로 반응을 일으킬 수 있는 고유의 신경계를 갖춘 유일한 기관"이다. "장에 있는 뇌는 머리에 있는 뇌와 동일한 속도로 진화했다." 그 결과 "활발하고 근대적인 데이터 처리 센터가 되었으며, 그 덕분에 우리는 아주 중요하면서도 썩 유쾌하지 않은 일들을 정신적으로 조금도 애쓰지 않고 해결할 수 있게 되었다." 운이 좋으면 "효율적으로" 그렇게 되어서 "아예 의식조차 못 하는" 경우도 있다. 장-뇌가 신경증(psychoneuroses, 신경계의 기능이상으로 생기는 정신 질환이다 – 옮긴이)에 걸리는 것도 가능한 일이다. 오늘날 일부 연구자는 장-뇌가 알츠하이머, 파킨슨병, 자폐 같은 뇌 질환에 걸리기 쉽다고 보고한다. 장뇌는 고유의 감각 변환기와 조절 장치도 갖고 있다. 그래서 장-뇌와 상호작용하는 기관들이 부과하는 임무만 처리하고 나머지는 배제한다.[4]

논란의 여지없이 "자연의 신성한 손끝"은 장-뇌가 할 수 있는 일과 할 수 없는 일, 즉 장-뇌가 해결할 수 있는 '문제'와 그 범위를 벗어나 있는 '미스터리'를 결정한다. 논란의 여지없이 범위와 한계는 서로 관련이 있다. 범위를 알려주는 구조적 속성은 한계도 정하게 마련이다. 장-뇌의 경우 무언가 좀 이해하기 힘든 '본유 가설innate hypothesis'에 대한 논란이 전혀 없는데, 언어의 경우에는 본유 가설이 종종 비난만 받을 뿐 지지는 전혀 받지 못한다. 왜냐하면, 유전적 요소가 무엇이냐에 관한 여러 가지 생각만 있을 뿐 그런 가설이 없기 때문이다. 장-뇌를 구성하는 유전적 요소를 완벽하게 설명하지 못하는 것에 대해서도 다른 영역과 마찬가지로 전혀 불만이 없다. 장-뇌 연구는 내새주의internalist를 기반으로 한다. 소화기관 내에서 빌어지는 일들이 그 외부, 즉 다른 유기체나 피부 바깥 어딘가에서 벌어지는 일로부터 결정적인 영향을 받는다는 사실에 기초한 철학적 비판도 전혀 없다. 한 사람이 내부 체계의 본질을 연구하고, 그것의 외적 상호작용까지 연구하는데도 철학적으로 전혀 곤경에 처하지 않는다.

이런 일이 제1 뇌와 그 역량을 연구할 때와, 특히 인간의 언어를 연구할 때는 심각한 딜레마를 안긴다. 나는 이것이 인간이라는 유기체의 정신적 측면을 이른바 신체적 측면과 다르게 대하는 신기한 경향을 보여주는 사례라고 생각한다. 일종의 방법론적 이원론인 이런 경향은 데카르트의 형이상학적 이원론보다 치명적이다. 후자의 경우 뉴턴이 초기 근대 과학의 기계론적 철학을 무너뜨림으로써 틀린 것

2. 우리는 무엇을 이해할 수 있는가?

으로 판명이 났지만, 과학적으로 훌륭한 가설이었다. 뉴턴은 데카르트가 말한 실체 중 하나인 육체body라는 것이 존재하지 않음을 증명함으로써 적어도 데카르트식 정신-육체 문제는 사라지게 만들었다. '물리적' 혹은 '물질적'이라는 것이 무엇인가 하는 문제에 대해서는 답을 구하지 못한 상태로 남겨두었다.[5] 반면에 방법론적 이원론은 권할 만한 이유가 하나도 없는 것 같다. 방법론적 이원론을 버리면, 제1 뇌, 특히 그것의 인지적 측면이 장-뇌나 다른 신체 요소를 연구할 때와 근본적으로 다른 방법으로 연구되어야 하는 이유를 찾기가 힘들다. 그렇다면 신비주의는 널리 알려진 바와 달리, 내재주의와 같은 자명한 이치의 또 다른 형태일 뿐이다.

신비주의와 인지적 한계

각기 다른 다양한 이유로, 많은 저명한 인물이 신비주의를 자명한 이치로 받아들이는 것에 죄책감을 느껴왔다. 아마 90년 전에 버트런드 러셀Bertrand Russell이 "최고 수준의 확실성은 내가 직접 인식한 것에 있다"라는 흄 학파의 견해를 수용할 때도 그랬을 것이다. 그렇다면 정신 작용은 우리가 인지한 것을 이해하려는 노력이라고 생각할 수 있다. 상식적인 이해에서 비롯된 반사적인 작용이든 과학에 기반을 둔 더 신중하고 단련된 노력이든, 인지한 대상에 '주어지

촘스키, 인간이란 어떤 존재인가

는' 것은 외부에서 수집한 데이터와 정신적 구조에서 비롯된 결과물임을 보여준다. 이것은 러셀과 짧은 시차를 두고 클래런스 어빙 루이스Clarence Irving Lewis가 흥미롭게 다룬 것이기도 하다.[6]

흄이 표현한 것처럼, 우리는 "뉴턴주의 철학"을 고수하면서 "어느 정도 온건한 회의주의"와 함께 "인간의 모든 능력을 넘어서는 주제에 대해서는 당당하게 무지를 고백"할 수 있어야 한다. 흄에게 인간의 모든 능력을 넘어서는 주제란 사실상 겉으로 드러나지 않는 모든 것을 의미한다. 우리는 "그런 것의 진짜 성격과 작용에 대한 탐구를 자제"해야 한다. 우리가 정신이나 자아를 포함해 외부에 있는 어떤 연속적인 대상을 경험한다고 믿게 만드는 것은 상상, 즉 "영혼이 가진 일종의 마법 같은 능력이라서 인간의 이해력으로는 아무리 노력해도 설명을 할 수가 없다."[7] 새뮤얼 존슨Dr. Johnson, 조지 에드워드 무어G. E. Moore, 그밖에 다른 저명한 인사들과 반대로, 나는 흄의 논리가 존경받을 만한 가치가 있다고 생각한다.

흄의 《인성론A Treatise of Human Nature》 부록을 세심하게 연구한 유익한 책에서 갤런 스트로슨Galen Strawson은 흄이 마침내 자신이 직면한 어려움이 훨씬 심오한 것임을 깨달았다고 주장한다. 내 생각에는 설득력이 있다. 흄은 "마음 속 여러 가지 생각이나 개념을 연결시키는 원칙이 존재하는 것이 분명하다"라고 결론 내렸다. 상상으로 꾸며낸 것이 아닌 진짜 연결이었다. 그러나 그의 철학·심리학에는

87

그렇게 진짜로 존재하는 실체가 끼어들 자리가 없다. 그래서 결국 그의 "희망은 사라졌다." 그의 기본 원칙들이 돌이킬 수 없을 정도로 무너진 것이다. 철학사에서 아주 가슴 아픈 순간 중 하나다.[8]

러셀은 물리학이 "지각된 것을 인지적 측면에서만 [연구하고], 다른 측면들은 그 범위 밖에 둘 때 세상의 인과관계를 나타내는 뼈대"를 발견하리라는 희망을 가질 수 있다는 결론에 이르렀다. 우리가 지각한 것에 다른 측면들이 존재한다는 것은 그것을 과학적으로 충분히 설명할 수 있느냐와 무관하게 우리가 최고 수준의 확신을 갖고 인정하는 사실이다.

이 모든 이야기가 마치 아주 철저한 신비주의인 것 같다. 의식만이 최고 수준의 확실성을 갖고 그밖에 다른 모든 것은 문제로 분류되며, 어느 정도는 인간에게만 미스터리인 것도 있다고 입장을 조정했을 뿐이다. 여기엔 17, 18세기 근대 과학과 철학의 초기 시절에 '어려운 문제'로 간주되었던 딜레마들도 포함된다. 그 시절, 어려운 문제 중에서도 가장 골칫거리는 운동의 본질, 즉 인력과 척력의 본질과 관련이 있었다. '어려운 문제'는 절대 풀리지 않았다. 오히려 외면을 당했으며, 로크나 흄 같은 통찰력 있는 연구자는 그것을 영원한 미스터리, 첨언하자면 적어도 인간에게는 미스터리라고 간주했다.

그 시절에는 충분히 납득이 되는 일이었다. 로크는 우리가 물질과 그 영향에 대해 "알고자 열망해도 치유 불가능한 무지" 속에 있고,

"물체에 관해 [옳은 설명을 제공하는] 어떤 과학 원리도 우리가 닿을 수 없는" 상태에 있지만, 자신은 "현명한 뉴턴 선생의 비할 데 없이 탁월한 책을 읽고, 지금의 내 좁은 생각으로 신의 능력을 제한하려고 하는 것은 너무 대담하고 건방지다는 것을 깨달았다"라고 썼다. 비록 만유인력을 "나는 상상도 할 수 없지만", 그럼에도 뉴턴이 증명한 것처럼, "물체에 대한 우리의 개념이나 물질에 대한 우리의 지식으로 설명할 수 없는 힘과 작용 방식을 불어넣는 것"이 신의 능력에 포함된다고 인정해야 한다는 것이다. 그리고 뉴턴의 연구 덕분에 이제 우리는 "신이 그렇게 해왔음"을 안다고 했다.[9]

신비주의의 이지를 고려하면, 내가 성성도 할 수 없다는 것은 존재할 수 있는 것의 기준과 아무 관련이 없다. 로크의 사상에서 신학적인 요소를 배제하면 결국 자연 세계에는 인간에게 미스터리인 속성들이 존재한다는 얘기가 된다.

이에 대해 뉴턴은 의견을 달리하지 않았다. 물체가 일정한 거리를 두고도 상호작용을 한다는 "터무니없는" 결론을 피하기 위해 끊임없이 방법을 모색했던 그는 서로 끌어당기는 상호작용 뒤에는 어디에나 임하는 신이 "무형의 중개자"로서 숨어 있을 것이라고 추측했다. 거기서 더 나아가지는 못했다. 왜냐하면 실험으로 증명될 수 없는 '가설 꾸며대기'를 그가 거부했기 때문이다. 뉴턴은 그를 가장 앞장서서 비판했던 고트프리트 라이프니츠Gottfried Wilhelm von Leibniz

가 접촉 없이 일어나는 상호작용은 "상상도 할 수 없다"라고 한 지적에 동의했다. 그러나 라이프니츠가 "상식을 벗어난 초자연적인 속성"이라고 표현한 것에는 동의하지 않았다.[10] 뉴턴은 자신의 법칙들이 초자연적인 것이 아니라 "그 원인들이 초자연적"이라고 믿었다. 그는 그 원인들이 물리적인 관점에서 설명이 가능할 것이라고 희망했는데, 여기서 물리적인 관점이란 사실상 기계론적 철학이나 그와 비슷한 것을 의미한다. 뉴턴은 그런 성과가 없는 상황에서, 여러 가지 현상을 보고 귀납적으로 보편 원리를 도출하고, "모든 물질적인 것이 어떻게 그 분명한 원리에 따라 작용하는지를 설명하는 것은, 비록 그 원리의 원인을 아직 밝혀내지 못했더라도 철학적으로 아주 훌륭한 발전을 의미할 것이다"라고 주장했다.

뉴턴을 한 사람의 철학자로서 날카롭게 연구한 앤드루 야니악An-drew Janiak은 뉴턴이 접촉 없이 일어나는 상호작용을 부정한 데는 또 다른 이유가 있었다고 주장한다. 뉴턴은 "신이 물질적인 세계 안에 존재한다고 이해"했기 때문에 "그의 사고에는 이미 형이상학적 틀이 잡혀 있어 경험이나 자연과학의 발달을 반영해 재검토하는 일이 없다"라는 것이다. 그리고 "신이 멀리 떨어져서도 영향력을 행사할 수 있다면", 그래서 원격 작용이 가능하다면, "뉴턴이 늘 이해하는 것처럼 신의 전능함을 신이 어디에나 임한다는 개념으로 이해할 필요가 없다"라고 지적한다.

훗날 뉴턴주의자들은 형이상학을 거부하고 이론을 구성하는 데 원거리 작용을 받아들였다. 뉴턴과 동시대를 산 위대한 인물들은 물론이고 뉴턴에게도 골칫거리였던 "상상도 할 수 없다"라는 비판은 무시했다.

그에 따른 결과로 과학적 탐구의 목표가 절대적으로 축소되었다. 근대 과학 초기만 해도 논리적으로 상상할 수 있는지 여부가 진정한 이해의 기준이었으나 이제는 이론을 이해하는 정도로 목표가 훨씬 좁혀졌다. 나는 이것이 인류의 사고와 탐구 역사에서 대단히 중요한 진전이라고 생각한다. 많은 사람이 인식하는 것보다 훨씬 그렇다. 넓은 의미에서 신비주의의 범위와도 직접적인 관계가 있다.

로크는 더 나아가 신이 만유인력같이 우리가 상상도 할 수 없는 속성을 물질에 첨가한 것처럼, 물질에 생각하는 능력 또한 "추가로 첨가"했을 것이라고 판단했다. 여기서 '신'을 '자연'으로 바꾸면 이 주제를 더 탐구할 길이 열린다. 로크 이후에 그 길을 따라 많은 연구가 진행된 결과, 사고는 특정한 형태를 갖는 조직적인 물질의 한 가지 속성이라는 결론에 이르렀다.[11] 이런 아주 상식적인 이해에 대해 다윈은 "뇌의 분비물"인 생각을 "물질의 속성인 중력보다 놀라운" 것으로 여길 필요가 전혀 없다고 말했다.[12] 우리로선 상상도 할 수 없는 일이지만, 이것은 외부 세계가 아니라 우리의 인지적 한계에 관한 사실이다.

근대 초기에 이런 사안을 이해한 방식이 최근에 일부 재발견되고 있다. 이따금 경이로운 감각이 더해지기도 하는데, 프랜시스 크릭Frances Crick(DNA의 이중나선 구조를 밝혀내 노벨 생리의학상을 수상한 영국의 생물학자이다 – 옮긴이)이 우리의 정신과 감정 상태는 "사실 신경세포와 관련 분자들의 거대한 조합이 작용한 결과에 지나지 않는다"라는 "놀라운 가설"을 만들었을 때가 대표적이다. 철학 관련 문헌에서는 이런 재발견이 정신을 연구하는 급진적인 신개념으로 간주되기도 한다. 폴 처칠랜드가 존 설John Searle의 말을 인용해 표현한 것처럼 그 신개념은 "정신적 현상을 두뇌의 신경생리학적 작용이 원인이 되어 발생하는 지극히 자연스러운 것이라고 보는 대담한 주장이다." 이런 제안은 수세기 전, 당시 유일하게 일관성이 있었던 육체(혹은 물리적, 물질적 등)에 관한 개념을 뉴턴이 무너뜨림으로써 전통적인 정신-육체 문제를 공식화하는 것이 불가능해진 뒤에 나온 표현들을 사실상 어휘까지 똑같이 반복하는 것이다.

예를 들어 "정신이라고 부르는" 속성은 "두뇌의 유기적 구조"로 환원된다고 한 조지프 프리스틀리Joseph Priestley의 결론은 로크와 다윈, 그밖에 많은 사람이 이미 단어만 다르게 했던 말이다. 아마도 초기 근대 과학의 토대를 제공했던 기계론적 철학이 무너진 뒤에는 어쩔 수 없는 일이었을 것이다.[13]

20세기의 마지막 10년은 '뇌 연구 10년the Decade of the Brain'으로 지정되었다(1989년에 미국 의회가 1990년부터 향후 10년을 '뇌 연구 10년'으로 지정함에 따라 뇌 연구가 일대 전환기를 맞았다 – 옮긴이). 그 결과물을 검토하는 논문집 서문에서 신경과학자 버논 마운트캐슬Vernon Mountcastle 은 전체적인 주제를 "정신적인 것, 실로 정신이라는 것은 두뇌에서 발생하는 속성이며, 그것이 … 어떤 원리로 발생하는지는 … 우리가 아직 이해하지 못한다"라는 분자생물학의 논지로 표현했다. 이 또한 18세기 사상을 사실상 똑같은 말로 반복하는 것이다.[14]

그러나 "우리가 '아직' 이해하지 못한다"라는 구절에 주의할 필요가 있다. 1927년, 비트런드 러셀이 회학 법칙에 대해 "지금은 물리학 법칙으로 환원될 수 없다"라고 한 말을 기억할 것이다. 이 때문에 당시 탁월한 과학자들은 화학이 진정한 과학이 아니라 실험 결과를 예측하는 계산법의 한 형태에 불과하다고 여겼다. 얼마 지나지 않아 밝혀진 바에 따르면 러셀의 주장이 정확하지만 절제된 표현이었다. 실제로 화학 법칙이 당시 이해되던 방식의 물리학으로는 아예 환원이 불가능했기 때문이다. 오히려 물리학이 양자이론 혁명과 더불어 급격한 변화를 겪고 난 다음, 사실상 달라진 것이 없는 화학과 통합이 되었다.

여기서 신경과학과 정신철학에 적용될 만한 교훈을 이끌어낼 수 있다. 현대 신경과학은 100년 전의 물리학만큼 제대로 자리를 잡지

2. 우리는 무엇을 이해할 수 있는가?

못한 상황이다. 정신철학의 기본 전제와 관련해 내게는 꽤 설득력이 있다고 느껴지는 비판들도 있다.[15] 정신에 대한 연구가 추상적인 차원의 '신경과학'이라는 통념은 90년 전 화학에 대한 통념과 마찬가지로 오해로 판명이 날 것이다. 이 또한 오늘날의 신경과학을 염두에 두고 하는 말이다.

이런 질문이 이 책에서와 같이 정신을 어느 정도 추상적인 개념의 두뇌라고 여기는 태도와는 아무 관계가 없다는 점을 주의해야 한다.

토머스 네이젤Thomas Nagel은 뜨거운 논란을 일으켰던 최근 연구에서 이렇게 썼다.

"짐작건대 정신은 설명할 수 없는 우연이거나 신이 내린 기이한 선물이 아니라 현대 과학의 정설이 갖고 있는 태생적 한계를 초월하지 않는 한 이해하지 못할 자연의 근본적인 측면이다."[16]

이 말이 사실로 판명되더라도 과학의 역사에서 심하게 벗어나는 것은 아니다. 다만 '불신'이나 '상식'에 호소하는 방식은 피해야 할 것 같다. 17세기 말에도 비슷한 고민들이 있었으나 뉴턴의 발견이 지닌 중요한 의미가 충분히 이해되고, 앞에서 이야기한 것처럼 과학 탐구의 목표가 은연중에 현저히 축소됨에 따라 그런 방식을 포기했다.

흄은 이런 발견과 그 의미를 감안하여 뉴턴의 가장 위대한 업적은 "자연의 신비로움을 덮고 있던 베일의 일부를 걷어낸 것"이며, 한편으로 "[자연의] 궁극적인 비밀을 과거에도 그랬고 앞으로도 지속될 알 수 없는 상태로 돌려놓았다"라고 썼다.[17] 적어도 인간에게는 그렇다. 모두 신비주의에 충실한 형태라고 볼 만한 이유가 상당하다.

거의 같은 시기에 의식consciousness은 근대 철학의 담론에 포함되었다. 이런 주제를 다룬 종합적이고 전문적인 최근 연구에서 우도 틸Udo Thiel은 '의식'이라는 명사를 철학적 의미로 널리 사용한 최초의 영국 철학자가 1670년대의 랄프 커드워스Ralph Cudworth임을 밝혀냈다. 그러나 의식 그 자체가 탐구의 대상이 된 것은 그로부터 50년이 지나서이다.[18] 그 뒤로 의식은 일찍이 데카르트가 그랬던 것처럼 사고와 동일시되었다. 그리고 나아가 훔볼트처럼 사고를 언어와 동일시하는 이도 있었다. 언어를 생각의 도구로 여기는 이런 발상은 1장에서 논의한 바와 같이 현대적인 용어로 일부 재해석될 수 있는 여지가 있다.

넓은 의미의 신비주의로 돌아가 그것을 자명한 이치로 간주하자

근대에 와서 사고와 의식의 동일시가 다양한 방식으로 다시 나타난다. 예를 들어 콰인의 논리에서는 '규칙을 따른다rule-following'라는 개념이 행성들이 케플러 법칙을 따르는 것과 같은 '일치fitting'와 의식적인 사고에 의한 '유도guiding'로 구분된다. 또한 설의 '연결 원칙connection principle'에서는 정신 작용이 어떻게든 의식적인 경험과 연결된다고 믿는데, 논리적으로 설명하기는 어려운 개념이다. 실증적인 주장으로 간주되든, 아니면 용어와 관련된 조건으로 간주되든 간에 이런 이론에는 언어나 인식에서 규칙 따르기와 관련해 발견된 많은 사실이 빠져 있다. 예를 들면 1장에서 다룬 구조 의존적인 언어 규칙과, 그보다 중요한 그 토대, 아니면 도널드 호프만Donald Hoffman이 시각 지능에 관한 연구에서 '경직성 규칙rigidity rule'이라고 부르는 것이 있다. 자극이 많이 부족한 상황에서도 투영된 이미지를 "3차원에서 일어나는 경직 운동(형태 변화 없이 이동이나 회전만 하는 운동이다 - 옮긴이)의 형상화"로 해석하는 규칙이다.[19]

의식에 도달하는 것은 우리가 알 수 없는 정신적 프로세스의 산발적인 영향을 잠재적으로라도 받을 것이며, 이따금 의식에 도달하는 파편들과 긴밀하게 상호작용한다고 믿을 만한 이유가 있다. 지금은 잘 알려진, 의사결정에 관한 리벳Libet의 실험(1980년대에 당시 미국 캘리포니아대 교수였던 벤저민 리벳Benjamin Libet이 피실험자에게 자기 의지대로 손가락을 움직이게 하고 뇌에서 일어나는 반응을 살펴본 결과, 피실험자가 스스로 손가락을 움직이기로 결정했음을 의식하기도 전에 이미 뇌신경이 행동할 채비를 하고 있음을 발견하고 '자유의지는 없다'라는 가설을 제시했다 - 옮긴이)은 이 문제와 관련해 또 다른 증거가 된다. 하지만 이 실험을 자유의지와 연결시키는 것은 잘못이라고 생각한다. 의식적인 깨달음이나 신중한 고려 없이 의사결정이 이뤄진다고 해도 개인의 책임과 관련한 문제나 뒤에서 살펴볼 인지적 한계로 생길 수 있는 문제 등이 거의 그대로 남는다.

정신적 프로세스의 파편 중에 의식에 도달하는 것과 의식에 접근하지 못하는 것이 실제로 긴밀하게 상호작용을 한다면, 적어도 언어 사용에서는 상당히 그런 것 같지만, 의식적인 깨달음이나 의식할 수 있는 가능성으로 관심을 제한하는 것은 정신과 관련된 학문의 발전을 심각하게 저해할 것이다. 아주 흥미로운 주제들이지만 여기서는 더 파고들 여유가 없다.

대신에 의식으로 범위를 제한하지 말고 넓은 의미의 신비주의로 돌아가, 그것을 자명한 이치로 간주하자. 나는 우리가 마땅히 그래야 한다고 생각한다. 우리는 다양한 송류의 미스터리를 생각해볼 수 있다. 그중에는 앞서 언급한 것처럼 꽤 지대한 영향을 미치는 것도 있다. 아마도 인간에게는 영원한 미스터리일 것이다. 그러나 이런 것을 살펴보기에 앞서 상대적으로 영향력이 작은 미스터리도 생각해볼 필요가 있다. 이를 테면 우리의 인지 능력을 벗어나지 않고 원칙적으로는 실증적 증거도 있을 수 있는데 다만 우리가 구하지 못하는 경우다. 우리가 합리적으로 제기할 수 있는 문제에 답을 줄 만한 실험이 있지만 윤리적인 이유로 하지 못하는 경우도 있다. 고양이와 원숭이를 대상으로 한 외과적인 실험 덕분에 인간의 시각 신경에 대해서는 많은 것을 알게 되었지만, 언어에 대해서는 이런 식으로 알아낼 수는 없는 이유가 바로 이 때문이다. 동물계에는 인간의 언어에 상응

97

2. 우리는 무엇을 이해할 수 있는가?

한다고 알려진 것이 전혀 없으며, 그렇다고 사람을 상대로 실험을 할 수도 없는 일이다. 새로운 기술 개발과 더불어 일부 장벽이 무너지긴 할 것이다.

인식의 진화, 그중에서도 이른바 '언어의 진화'라고 하는 것이 대표적인 예일지 모른다. 언어 자체는 변화할 뿐 진화하는 것이 아니기에 정확히 말하면 언어를 수용하는 능력, 즉 언어 능력의 진화를 의미한다. 진화생물학자인 리처드 르윈틴Richard Lewontin은 우리가 그에 대해 사실상 아무것도 알지 못할 것이라고 이미 여러 해 전에 강력하게 주장했다. 그는 "인식이 (그것이 무엇이든 간에) 어떻게 일어나고 퍼지고 변화하는지를 알면 흥미로울 것이다"라며 "그러나 우리는 알 수가 없다. 참 안됐다"라고 결론지었다.[20] 관련 증거를 우리가 구할 수 없기 때문이다. 그의 논문을 게재한 매사추세츠공대의 〈인지과학으로의 초대Invitation to Cognitive Science〉 편집자들도 나처럼 르윈틴의 이 같은 결론이 설득력이 있다고 보았다. 그럼에도 르윈틴의 분석은 별로 주목을 받지 못했다. 특히 언어의 경우, 그가 '스토리텔링'이라고 부른 방식의 문헌이 쏟아져 나오는 것을 막지 못했다.

일반적으로 진화와 관련된 진지한 탐구에서는 표현형phenotype(생물 개체의 겉으로 드러나는 형질로서, 유전자형과 대비되는 용어다―옮긴이)의 기본특성을 설명하는 것이 전제조건인데도 스토리텔링은 그런 과정을 건너뛴다. 게다가 주로 의사소통에 관해 이야기한다. 왠지 진화라

촘스키, 인간이란 어떤 존재인가

는 개념에 어울리는 연속성과 작은 변화들을 상상할 수 있다는 점에서 더 매력적인 주제이긴 하지만 언어와는 다른 주제다. 게다가 여기서 생각하는 진화라는 개념 자체가 오래되고 모호하기 짝이 없다. 르원틴의 제약이 있은 뒤에 벌어진 이런 일을 검토하고 그의 생각이 꽤 옳았음을 재확인하는 전문적인 논문이 최근에 나왔다. 나도 르원틴이 타당하다고 생각하는데, 그도 그럴 것이 나도 그 논문을 쓴 사람 중 하나다.[21]

언어의 기원과 '원자'의 유래에 관하여

언어의 기원과 관련해 우리가 상당히 확신하는 사실 한 가지와 그럴듯한 추측이 한 가지 있다. 한 가지 사실은 5만~8만 년 전에 우리의 조상이 아프리카를 떠난 이후로는 파악할 수 있을 만한 진화가 일어나지 않았다는 점이다. 이 사실은 인지 능력에도 아주 보편적으로 적용되는 것 같다. 그럴듯한 추측이란 1장에서 인용한 태터설의 추측이다. 대략 5만~10만 년보다 더 이전에는 언어가 존재했다고 가정할 합리적 근거가 거의 없다는 것이다.

인류 언어의 기원을 설명하려면 이런 사실을 존중하고, 적어도 그런 추측에 주의를 기울여야 할 것이다. 그리고 내가 기본특성이라고 한 것의 기원에 관해서도 믿음이 갈 만한 제안을 해야 할 것이다. 내가 알기로는 아직까지 1장에서 언급했던 것 외에는 없다. 대개 정설이 아니라거나 더 나쁜 취급을 받는 것이다.

추가로 해야 할 작업들도 있다. 하나는 언어의 다양성, 즉 언어 능력의 진화 덕분에 넓어진 선택의 폭에 대해 설명하는 것이다. 특히 지난 30년 사이, 변이를 일으키는 요인에 관해 이해를 돕는 연구가 많아졌으며, 변이를 일으키는 요인 자체가 진화와 관련해 여러 가지 문제를 제기한다.

그보다 훨씬 어려운 문제는 기본특성에 필요한 연산에 사용되는 원자의 유래를 설명하는 것이다. 이에 관해서도 선행 연구가 아주 많지만 그 가치가 의심스럽다. 이런 연구 역시 표현형, 즉 인간의 언어에서 의미가 갖는 성질에 별로 주목하지 않기 때문이다. 내가 생각하는 연구는 종래의 몇 가지 이론을 무너뜨리고 진화와 습득에 관한 중대한 질문을 제기하는 것이다.

연산에 필요한 원자를 '원자 개념atomic concepts'이라고 부르자. 이것은 어휘 같지만 어휘가 아니다. 1장에서 설명한 내용이 정확하다면, 어휘는 표출이라는 부수적인 절차를 통해 구성되는 것이지 사고 체계에 공급되는 것이 아니다. 이 원자들은 '어휘 성분lexical items'이라고도 불리는데, 그 또한 아주 정확하지는 않다. 통사적 연산에 필요한 원자는 개념-의도 접합면에 도달하며, 어휘 성분과 달리 음성학적 속성이 없기 때문이다. 그 유명한 소쉬르의 개념에 따르면, 이

런 것은 표출의 초기 단계에 속하며 임의적이다. 게다가 오늘날 알려
진 바와 같이, 소리는 언어를 표출할 수 있는 여러 양식 중 하나에 불
과하다.

보다 중요한 사실은, 인간의 언어와 사고에 필요한 '원자 개념'이
동물의 의사소통 체계에서 발견되는 그 무엇과도 닮지 않은 것 같다
는 점이다. 동물의 의사소통 체계는 사고 밖에 존재하는 실체와 직접
적으로 연결되며 상징 체계를 전혀 고려하지 않고도 그 자체로 식별
이 가능하다. 예컨대 긴꼬리원숭이과에 속하는 버빗원숭이는 많은
신호를 주고받는다. 그중 하나는 나뭇잎을 펄럭이면 포식자가 접근
하고 있다는 뜻이다. 반면에 '나는 배고프다'라고 알리는 신호는 호
르몬 변화와 관련이 있는 것 같다. 버빗원숭이에게 보편적으로 나타
나는 이런 신호는 인간의 언어와 사뭇 다르다. 콰인의 《단어와 대상》
이나 로저 브라운Roger Brown의 《어휘와 사물Words and Things》 같은
권위 있는 저서의 제목과 다른 많은 문헌에서 볼 수 있듯이 기존의
지칭의미론자는 어휘가 우리의 사고 밖에 존재하는 실체와 직접적인
연관성이 있다고 믿는다. 그러나 인간의 언어는 가장 단순한 성분에
도 그런 속성이 없다.

정신에 관한 데카르트식 고찰로 돌아가 보면, 동물의 신호는 내
적·외적 환경이 '원인'이 되어 나타나는 것으로 보인다. 반면에 인간
의 경우 적절한 어휘나 더 복잡한 표현을 사용할 때 기껏해야 환경의

'자극'을 받거나 '고무되는' 정도다.

게다가 동물의 상징체계에 적용되는 연관성은 인간의 언어가 갖는 연관성과는 상당히 다른 유형이다. 이런 점에서 보면, 1장에서 인용했던, 인간 언어의 고유성에 관한 다윈의 규정도 그가 예상치 못했을 내용으로 바뀌어야 한다. 이 주제와 관련해 아주 중요한 전문가 중 한 사람으로, 님 프로젝트(NIM project, 영장류 연구 역사상 가장 유명한 언어 실험 중 하나. 1973년 미국 뉴욕의 한 중산층 가정에 아기 침팬지를 입양시켜 3년간 사람처럼 기르며 수화를 가르쳤다. 언어가 인간 고유의 특징이라고 주장하는 대표적인 학자 촘스키에 대한 도발로 침팬지의 이름을 님 침스키라 지었다 – 옮긴이)의 연구책임자였던 로라 앤 페티토Laura-Ann Petitto는 다음과 같이 기록한다.

인간과 달리 침팬지는 이름표를 사용할 때 뭔가 넓은 개념의 연관성에 의존한다. 침팬지는 '사과'라는 이름표를 사과를 먹는 행위와 사과를 보관하는 장소는 물론이고 (사과를 자르는 데 사용되는 칼처럼) 어쩌다 사과랑 함께 두었던 사과 이외의 대상과 관련된 일과 장소 등을 가리키는 데도 똑같이 사용할 것이다. 각각의 차이를 분명히 인식하거나 그렇게 차이점을 구분했을 때 유리한 점을 알지 못한 채 모두 동시에 그럴 것이다. 반면에 인간의 어린 아기는 처음 하는 몇 마디 말조차 유형이라는 개념을 충실히 지키며 사용한다. … 그러나 침팬지는 인간

촘스키, 인간이란 어떤 존재인가

과 수년간 훈련하고 소통한 뒤에도 근본적인 유형의 차이를 인식하는 감수성을 절대 드러내지 못한다. 그렇다면 놀랍게도 침팬지에게는 정말로 '사물의 이름'이라는 것이 전혀 없다. 느슨한 연관성이 뒤죽박죽 얽혀 있을 뿐이다.[22]

지칭의미론의 결함과 그 사례

동물의 소통체계와 철저하게 다른 인간의 언어에도 한 가지 예외가 있다. 인간의 언어도 사물에 대한 이름을 갖지 않는다는 점이다. 다만 그 이유가 다르다. 인간의 언어에서 원자 개념은 우리의 사고 밖에 존재하는 실체를 가려내는 것이 아니다. 인간의 언어에는 분명히 '지시'나 '지칭'의 개념이 없다. 물론 지시하고 지칭하는 행위는 있다. 그동안 철학과 관련된 문헌들은 이런 사실을 간과하지 않았다. 피터 스트로슨Peter Strawson이 지시와 지시하기에 관해 60년 전에 쓴 논문이 대표적인 예다. 그로부터 20년 뒤에 줄리어스 모라브시크Julius Moravcsik가 제안한 '원인론적 의미론(aitiational semantics, 아리스토텔레스의 세계관을 언어학적으로 발전시킨 이론. 그리스어로 aitia는 원인이 되거나 이유를 밝혀주는 요인을 뜻한다. 아리스토텔레스는 우리가 경험하는 세계를 재료와 형태, 운동, 목적 4가지 원인으로 설명할 수 있으며, 우리는 모든 사물에 내재된 이 원인들을 정신적 경험을 통해 알아낼 수 있다고 하였다. 이런 세계관을 토대로 인

2. 우리는 무엇을 이해할 수 있는가?

간 언어에서는 가장 기초적인 개념조차 정신과 별개인 대상을 의미할 수 없다고 주장한다 - 옮긴이)'이나, 그로부터 다시 20년 뒤에 아킬 빌그래미가 의미와 관련해 "철저하게 국지적이거나 아니면 맥락적인" 개념을 다룬 것도 마찬가지다.[23] 우리는 지시하는 행동에서 비롯되는 환경 의존적인 지시 관계를 가정해볼 수 있다. 우리가 특정한 환경에서 어떤 식으로든 '존스'라는 이름을 사용하여 존스라는 사람을 가리키는 한, '존스'라는 이름은 (당연히 아무 뜻이 없는 것이 아니라) 존스라는 사람을 가리킨다. 그러나 여기서 핵심 개념은 지시하는 행위다.

이런 점에서는 원자 개념이 오히려 표음 성분과 비슷한 것 같다. 표음 성분을 발음기관(그리고 그에 상응하는 지각 장치)에 대한 지시라고 생각할 수 있기 때문이다. 발음하는 행위는 우리의 사고와 별개로 존재하는 세계에 구체적인 결과를 가져온다. 그러나 그 언어를 사용하는 공동체는 고사하고 일개 개인에 대해서도 그 음성학적 단위와 일치하는 사고 외적인 실체나 범주를 찾는 것은 무의미한 짓이다. 음향음성학과 조음음성학 모두 내면의 상징이 어떻게 소리로 표현되고 해석되는지를 밝혀내려고 하지만 절대 쉬운 일이 아니다. 지난 60년 동안 첨단 기구를 동원해 철저히 연구했지만 아직도 밝혀지지 않은 부분이 대단히 많다. 그러니 세상의 모습에 관해 말하거나 생각할 때 내부 체계가 어떻게 활용되는지를 알아내는 일이 더 쉽다는 것을 의심할 이유가 없다. 그러나 막상 언어학적 연산과 인지적 연산에 필요한 원자 개념과 그것이 지시에 활용되는 방식을 연구해 보면 정반대임이 분명하게 드러난다.

그 정도는 이미 아리스토텔레스도 분명히 알고 있었다. 그는 우리가 물질적 구성 면에서 "집을 돌과 벽돌, 목재로 정의"할 수 있으며, 기능과 설계 면에서 "소지품과 다른 살아 있는 존재를 보호해 주는 공간"으로도 정의할 수 있다고 판단했다. 그리고 두 정의를 합쳐야 한다고 보았다. '집의 본질'은 물질적 구성의 '목적과 결과'를 포함하기 때문에 재료와 형상을 결합해야 한다는 것이다.[24] 이런 이유로 집은 우리의 사고와 독립적으로 존재하는 대상이 아니다. 이 사실은 더 파고들어가 '집'이란 개념이 훨씬 복잡한 속성을 지닌다는 보편적인 결과를 발견하면 더욱 분명해진다. 탐구를 해보면 가장 간단한 표현에도 꽤 복잡한 의미가 있음을 알게 된다.[25]

다른 분야에서는 지칭의미론이 아주 중요한 역할을 한다. 수학이 대표적이다. 그리고 과학에서는 지칭의미론이 하나의 지침이 되는 기준이다. '전자electron' '음소phoneme' 같은 전문적인 개념을 고안할 때 연구자는 현실에 존재하는 실체를 찾을 수 있기를 염원한다. 그러나 이런 것을 인간의 언어와 혼동해서는 안 된다. 이렇듯 서로 다른 언어 체계가 뒤섞이면 더 큰 혼란이 뒤따를 수 있다. 그래서 화학자들이 자연 언어가 아닌 전문적 의미에서의 '물'을 일상적인 대화에서 자유롭게 사용한다면 그 또한 지칭의미론에 어긋나는 것이다.

아리스토텔레스가 정의하고자 한 것은 '집'이라는 단어가 아니라 집의 실체였다는 점에 주목하자. 아리스토텔레스에게는 그것이 실체는 재료와 형상의 결합이라는 형이상학적인 문제였다. 17세기에 인지 혁명을 겪으면서, 경험을 이해하게 만드는 '타고난 인식력'을 탐색하는 쪽으로 대부분의 사람들의 관점이 바뀌었다. 이런 주제와 관련된 수년간의 연구를 요약하면서 흄은 다음과 같이 결론 내렸다. 마음이나 채소, 동물의 몸, 그밖에 다른 실체에 "우리가 부여하는 정체성"은 "이 형상에 속하는 특유의 본질"이 아니라 "비슷한 대상에 대한" 상상이 만들어낸 "허구일 뿐"이다.[26]

지칭의미론의 결함을 잘 보여주는 한 가지 예가 바로 '인간person'이라는 개념으로, 그리스 로마 시대부터, 특히 17세기 이후에 집중적으로 연구되었다. '존스'라는 이름은 그것을 가진 인간을 가리킨다고 말할 때, 그것을 가진 인간이란 정확히 무엇인가? 단순히 물질적인 몸이 될 수는 없다. 로크의 의견처럼, 같은 인간이 서로 다른 두 개의 몸을 가졌을지 모른다고 생각해도 전혀 모순점이 없다. 똑같은 의식이 "하나의 생각하는 실체에서 또 다른 생각하는 실체로 전달될 수 있다면, 두 개의 생각하는 실체가 한 인간을 구성하는 것도 가능할 것"이기 때문이다. 이밖에도 다른 복잡한 문제가 많다. 따라서 개인의 정체는 일종의 '의식의 동질성', 즉 정신적 일관성과 (조금이라도) 관련이 있다. 게다가 로크는 '인간'(혹은 '자신self'이나 '영혼soul')이라는 말

촘스키, 인간이란 어떤 존재인가

이 "어떤 행위와 그 행위의 가치를 자기 것으로 만드는 법정 용어라서 법과 행복, 그리고 고통을 이해하는 지적인 주체들에게만 해당된다"라고 덧붙인다.[27]

이 주제를 예리하게 파고든 다채로운 탐구에 대해서는 더 논의할 시간이 없으며, 앞서 언급했던 우도 틸이 최근 연구에서 이런 주제를 검토한 바 있다. 하지만 인간이 하나의 '법정' 개념으로서 어떻게 다뤄졌는지 일깨워주는 법과 관련된 흥미로운 역사를 몇 가지 더 언급할 필요가 있을 것 같다.

미국 수정헌법 제5조는 '인간'의 권리를 보장한다. 결정적으로 "적당한 법적 절차 없이 생명과 자유, 재산권을 박탈할 수 없다"라고 규정한다. 이것은 마그나카르타 대헌장에서 유래된 조항이다. 하지만 그 '인간'이라는 개념이 심하게 제한적이었다. 여기에 아메리카 원주민이나 노예가 포함되지 않았던 것은 분명하다. 여성도 마찬가지다. 식민지로 전수된 영국 관습법 하에서 여성은 기본적으로 소유물이었다. 그 소유권이 아버지에게서 남편에게 양도되었다. 당시 만연했던 이런 생각을 몇 년 뒤 칸트가 표현했다. 그는 여성에게는 "시민으로서의 됨됨이"가 전혀 없는데 그 이유는 "시민으로서의 됨됨이"가 부족한 도제나 하인처럼, "다른 인간들의 호의"에 의존해 살기 때문이라고 말했다.

미국 수정헌법 제14조는 원칙적으로나마 인간의 지위를 해방된

2. 우리는 무엇을 이해할 수 있는가?

노예에게까지 확대했다. 현실적으로는 불과 몇 년 만에 남북 협약이 이루어져 노예를 소유한 주에서 흑인을 교묘하게 범죄인 취급을 함으로써 새로운 형태의 노예제를 시작할 수 있도록 허용한다. 이렇게 공급된 값싸고 훈련된 노동력이 산업혁명의 많은 부분에 기여했으며, 이런 제도는 제2차 세계대전으로 무임금 노동의 수요가 생길 때까지 계속되었다. 이런 추악한 역사가 로널드 레이건Ronald Reagan 정부 이후 잔인한 '마약과의 전쟁'이라는 이름으로 다시 재연되었다.

여성과 관련해서는, 1975년이 되어서야 미국 대법원이 여성에게 연방 배심원단에 참여할 수 있는 권리를 보장함으로써 '대등한 인간'으로 인정했다. 비로소 온전한 인간으로서 지위를 얻은 것이다. 최근 들어 미국 법원의 결정은 인간으로서 누릴 권리를 확대하는 추세다. 그러나 이미 기업에게까지 주어진 이 권리의 범주에 외국인 불법 체류자는 포함되지 않는다.[28] 인간의 권리가 밀입국자보다 침팬지에게 먼저 주어진다 해도 전혀 놀랍지 않을 것이다. 요컨대 '인간'을 법정 용어로 이해하면 인간에 관한 여러 가지 복잡한 골칫거리가 따른다.

언어의 습득과 기원 연구에서 중요한 몇 가지 의문

다시 언어와 원자 개념으로 돌아가서, 습득에 관한 최근 연구 중에서도 릴라 글라이트먼Lila Gleitman과 그의 동료들이 진행한 연구에 따르면, 아주 제한된 자료만 갖고도 언어학적으로 가장 기초적인 표현의 의미를 습득할 수 있다. 그것도 어렸을 때 아주 빠른 속도로 이루어지며, 감각적인 제약이 심한 상태에서도 가능하다. 이런 복잡한 구조가 17세기의 '첫 번째 인지혁명' 당시 흥미로운 방식으로 연구된 것과 같은 유형의 '타고난 인식력'에 의존한다는 결론을 부정할 방법을 찾기는 어렵다. 지시할 때 사용되는 단순한 성분을 벗어나면 복잡성은 더 빠르게 증가한다. 정신에 들어 있는 본유적 특성이 언어 습득과 사용에 결정적인 역할을 한다는 결론을 강화하는 근거다. 이런 생각은 직접적인 지시나 설명, 습관 형성을 토대로 언어 습득을 바라보는 익숙한 관점들과 조화를 이루기 이려울 것으로 보인다. 콰인의 의미 이론을 통찰력 있게 연구한 노르웨이 출신 철학자 대그핀 푈레스달Dagfinn Føllesdal이 '인위적 의미(MMM, man-made meaning) 이론'이라고 부른 것과도 조화를 이루기가 어렵기는 마찬가지다. MMM 이론에서 "언어학적 표현의 의미는 언어 학습자와 사용자가 의미를 결정할 수 있도록 도와주는 모든 증거물의 합작품"을 뜻한다.[29] 콰인은 호의적인 논평에서 푈레스달의 해석을 지지하면서도 결정적으로 한 가지를 수정하고 이렇게 말했다. "중요한 것은 언어의 의미가 눈에 보이는 환경에서 일어나는 눈에 보이는 행동의 작용이라는 것이다." 그러나 이 단서는 논리를 아주 약하게 만든다. 타고난 재능이 얼마나 뛰어나고 결정적이며, 자료가 얼마나 부족한지와 관계없이 최소한의 자극만 있으면 된다는 의미이기 때문이다. 마치 성숙한 시각 체계가 시각적 자극의 작용이라고 하는 것과 같다.

앞서 언급한 형태의 결론이 실제로도 일반화된다면, 자연 언어에는 우리의 사고와 독립적으로 존재하는 실체와 상징 사이의 관계를 나타내는 지칭의미론이라는 것이 없다고 추론할 것이다. 대신에 통사론(내적 상징 처리)과 화용론(언어 사용 양식)을 갖는다. 이런 식의 분류에 따르면 모형-이론적인 의미론을 포함한 형식의미론formal semantics은 통사론에 들어간다. 음운론과 마찬가지로 외부 세계에 대한 고려가 동기로 작용하지만, 행동 이론의 맥락 안에서만 외부 세계와 관계를 맺는 것으로 보인다.

이런 성격을 고려하면 언어의 기원에 관한 모든 잠재적인 이론에 대해 아주 심각한 문제가 생긴다. 앞서 언급했듯이 동물의 소통체계는 정신·두뇌 프로세스와 "이런 프로세스를 통해 동물의 행동이 적응하는 환경의 어떤 면" 사이의 일대일 관계를 바탕으로 하는 것처럼 보인다.[30] 그렇다면 인간의 언어와 동물의 소통은 언어 구조나 습득, 사용 분야만큼이나 이런 지시 관계에도 엄청난 차이가 있다. 그러니 언어 기원을 연구하려면 동물의 소통체계가 아닌 다른 면을 살펴봐야 한다.

어떤 화자가 지시하는 대상에 대해 짧게 살펴보자. 우리는 그 대상으로 무엇이 적합한지를 따져보아야 한다. 콰인이 이 주제에 관심이 있었다. 최근에 콰인이 제기한 문제들을 분석한 대니얼 데닛Dan-iel Dennett이 표현한 것처럼, 콰인은 명사구가 "어쨌거나 표면적으로는 사물의 자격을 갖는 강력한 후보 같지만" 아닌 경우도 있을 것이라고 보았다. 예컨대 우리가 'for Pete's sake(피터를 위해서)' 혹은 'for the sake of(~을 위해서)'라고 말할 때, 'sakes(이익)'나 피터에 대한 사물 관련 질문을 받을 것이라고 기대하지 않는다. '이익이 몇 가지나 되지?' '피터는 키가 몇이지?' 같은 질문을 기대하지 않는 것이다. 마찬가지로 데닛은 "파리와 런던은 분명히 존재하는데, 두 도시를 갈라놓은 '거리miles'도 존재할까?"라고 묻는다. 데닛에 따르면, 이런 유형의 명사구는 "완벽하시가 못하기 때문에 그것이 가리긴다고 추정되는 대상을 존재론적 관점에서 심각하게 바라볼 필요가 없다"라는 것이 콰인의 대답이라고 말한다.[31]

'사물성thinghood'이 부족하다는 것을 직접적으로 보여주는 언어학적 증거도 많다. 'flaw(결함)'와 'fly(파리)' 두 명사를 살펴보자. 어떤 문장에서는 두 명사의 기능이 비슷하다.

"There is a fly in the bottle/a flaw in the argument(병에 파리가 한 마리 있다/논리에 한 가지 결함이 있다); There is believed to be a fly in the bottle/a flaw in the argument(병에 파리가 한 마리 있다고 생각된다/논리에 한 가지 결함이 있다고 생각된다).

그러나 나머지 경우는 그렇지 않다.

There is a fly believed to be in the bottle(병에 들어 있다고 생각되는 파리가 한 마리 있다)/*a flaw believed to be in the argument(*논리에 들어 있다고 생각되는 결함이 있다); a fly is in the bottle(파리 한 마리가 병 안에 있다)/*a flaw is in the argument(*결함이 논리에 있다)(*는 비문)."

일부 문장은 일종의 존재와 관련된 의미를 나타내는 데 반해, 명시적으로 존재와 관련된 표현을 갖고 있음에도 존재의 의미를 나타내지 못하는 문장도 있다. 이것은 다른 책에서 논의한 것처럼 형태 변형에 따라 다양한 결과를 낳는 설명적 구조에 속하는 문제다.[32]

"'사물성'을 얻을 후보" 사이에도 차이가 있는 것으로 보인다. 그러나 곧장 의문이 생긴다. 적어도 '사물thing'이라는 단어는 사물성을 갖는 강력한 후보여야 할 것 같다. 그런데 사물의 정체를 나타내는 조건이 과연 무엇이며, 대체 몇 가지인가? 땅바닥에 흩어져 있는 나뭇가지를 보고 있다고 가정해 보자. 만약에 폭풍우에 휩쓸려 나무에서 떨어진 것이라면 그것은 하나의 사물이 아니다.

하지만 어떤 예술가가 하나의 개념 예술 작품으로 그렇게 공들여 늘어놓은 것이고 작품명까지 있다면, 그 구조물은 하나의 사물이다(그래서 어쩌면 상을 받을지도 모른다). 조금만 생각해 보아도 세상의 어떤 부분이 하나의 사물을 구성하느냐를 결정하는 데 여러 가지 복잡한 요인이 관여한다는 것을 알게 된다. 그 요인 중에는 사고와 독립적으로 존재하는 세상을 연구해서는 파악될 수 없는 인간의 의도와 설계,

즉 아리스토텔레스가 '형상'이라고 표현한 속성도 포함된다. 만약에 사고에 의존하는 환경을 벗어나서는 '사물'이 '사물성'을 얻지 못한다면, 그럼 무엇이 사물이 될 수 있겠는가?

데닛이 예로 들었던 파리와 런던은 어떤가? 우리는 파리와 런던을 지시할 수 있다. 예컨대 다음과 같이 말하는 것이다.

"내가 방문했던 바로 다음 해에 런던이 대화재로 파괴되었다가 템스강 상류 50마일 지점까지 완전히 새로운 재료와 설계로 재건되었다고 하니 내년에 또 방문해볼 생각이다."

분명한 것은, 우리의 사고를 벗어난 외부 세계에는 이런 속성을 지닌 실체, 그러니까 물리학자들이 원칙적으로 발견할 수 있는 실체가 없다. 그럼에도 우리는 '런던'이라는 표현이나 그것과 연결된 대명사를 사용함으로써, 아니면 '내가 가장 좋아하는 도시'라는 좀 더 복잡한 어구를 써서 런던을 가리킬 수 있다. 나의 I-언어에는 '런던'이라는 내재적 실체가 있는 것이다. 당신의 런던과 일치하지 않을 수도 있는 그것을 구성하는 성분이 세상의 여러 가지 측면을 바라보는 관점을 제공한다. 반면에 [ta]라는 내면의 음성학적 실체가 지닌 특성들은 세상에서 벌어지는 여러 가지 일을 소리로 표현하고 해석하는 수단을 제공한다. 이런 의미에서 보면, 플루타르크의 기록에 나오는 '테세우스의 배(아주 오래 전 테세우스를 비롯한 아테네 젊은이들이 탔던 배를 길이 보존하기 위해 아테네인이 낡은 목재를 제거하고 새 목재로 갈아 끼웠다면 그 배는 예전과 같은 배인가, 아닌가 하는 유명한 패러독스이다 - 옮긴이)'에서부터 솔 크립키Saul A. Kripke가 제시한 여러 가지 문제(직접지시론을 주장한 미국 철학자 솔 크립키는 '플라톤은 소크라테스의 제자이다' '에베레스트는 가우리샹카이다' '물은 산소와 수소로 되어 있다' 등의 명제가 참인지 여부를 독창적인 관점에서 풀어낸 것으로 유명하다 - 옮긴이)에 이르기까지, 지칭의미론의 가정을 토대로 한 고전적인 패러독스는 만들어지기 어렵거나 아예 불가능한 것이 된다.

노버트 혼스타인Norbert Hornstein이 제안하듯, 이런 기록을 재구성해볼 수 있다. 패러독스에서 문제가 되는 면을 지칭의미론의 가정을 반박하는 또 다른 논거로 사용하는 것이다.

이런 주제에 관한 초기 연구들은 주로 개별화에 관심이 있었다. 무엇이 하나의 대상을 다른 대상과 구분시켜 주는가? 그러나 17세기에 물리학의 미립자 이론이 발달하면서, 개별화에서 맞춰졌던 연구의 초점이 바뀌었다. 개별화에 선행하는 동질성 문제로 옮겨간 것이다. 부분적인 변화는 있지만 시간이 흘러도 하나의 대상을 여전히 같은 대상이도록 만드는 것은 무엇인가? 미립자설을 주장하는 사람들에게 각각의 개체는 "많은 (미립자로)… 이뤄진 각기 다른 비율의 물질"(로버트 보일Robert Boyle) 그대로가 전부다. 시간이 지나도 유지되는 동질성에 대한 연구가 진행되면서 이 문제를 인지적 측면에서 바라보게 되었다. 틸이 표현한 것처럼, "실질적인 형상은 받아들여지지 않고, 사물 자체에서는 동질성에 관한 어떤 '원칙'도 발견될 수 없음에 따라, 사물의 동질성은 우리가 그것의 본질적인 성분이라고 여기는 것에 달린 문제라고 생각된다." 여기서 "우리가 …라고 여기는 것"이란 우리의 판단 기준, 즉 우리가 갖고 있는 사물의 개념을 뜻한다. 이런 '주관론적인 혁명'은 특히 로크가 발전시켰다. 로크는 우리가 명칭이라는 추상적인 개념을 사용해 세상을 바라본다는 점에서, 존재는 '동일한 명칭 하에' 동질성이 보존된다고 주장했다.

흄은 우리가 시간이 흘러도 변함없는 동질성을 찾으려고 하는 것이 '자연적 성향', 즉 일종의 본능이며, 이것 때문에 우리의 경험이 우리의 인지 양식에 맞게 구성되며, 동물계의 그 어떤 것과 비교해도 심한 차이가 나는 것이라고 해석한다. 또한 다양성을 보여주는 증거가 있어도 동질성을 부여하려는 '성향'이 '무척 강해서' 상상력을 통해 관련 대상의 변화까지 모두 하나로 묶는 새로운 개념을 만들어내고, "부분 부분을 연결하는, 우리가 잘 모르는 신비한 뭔가를 상상"하게 된다고 했다. 따라서 동질성이라는 것은 상상력으로 만든 결과물이며, 이런 상상을 구성하는 데 관여한 요인들이 인지 과학의 주제가 되는 것이다. 그가 생각했던 것처럼 상상력이 "일종의 기적 같은 요인이라서 … 사람의 이해력으로 아무리 노력해도 설명이 불가능하다"[33] 라는 것이 사실이고, 그래서 인간에게는 아직도 미스터리라면, 흄이 난색을 표했을 테지만.

이런 측면에서 보면, 지금은 부활 같은 신학적 요소나 과거의 형이상학적 틀에서 벗어났지만, 영혼의 본질에 관해 고민한 풍부하고 교훈적인 기록들도 새롭게 해석할 수 있어야 한다.

'문제'와 '미스터리' 사이에 선을 확실히 그을 수 있다

나는 앞에서 언급한 사항이 지금까지보다 상당히 많은 주의와 관심을 받아야 한다고 생각한다. 언어의 습득과 기원에 관한 연구에 아주 중요한 문제를 제기한다는 점에서 특히 그렇다. 르윈턴의 제약을 감안하면, 언어의 기원은 어쩌면 풀리지 않는 문제일 수도 있다.

지식의 기원에 관한 이런 근대 초기의 성찰은 내가 앞에서 간단히 예를 든 것과 같이 훨씬 근본적인 형태의 신비주의로 이어졌다. 로크와 흄의 경우, 인식론적 고찰로부터 인간 이해력의 한계가 매우 크다는 결론에 이른다. 야니악에 따르면, 그렇게 만연했던 회의주의를 뉴턴은 "적절치 않다"라고 여기고 "우리가 자연에 대해 알 수 있는 가능성을 당연하게 받아들였다." 이런 이유로 "인식에 관해 우리가 부딪치는 중요한 질문들은 물리 이론 자체에서 발생된다"라고 보았다. 여기에 로크와 흄의 회의적인 의견은 포함되지 않을 것이다. 하지만 두 사람은 뉴턴이 기계론적 철학을 붕괴시킨 뒤에 생겨난, 과학을 기반으로 하는 새로운 신비주의를 꽤 진지하게 받아들였다. 기계론적 철

촘스키, 인간이란 어떤 존재인가

학은 세상이 하나의 정교한 기계라는 생각을 근거로 17세기 과학 혁명 당시 이해력을 가늠하는 기준을 제공했다. 갈릴레오만 해도 아주 제한적인 조건 하에서만, 즉 "적합한 인공 장치를 써서 [과학자들이 가정한 조건을] 똑같이 만들어낼" 수 있어야만 이론들을 이해할 수 있다고 주장했다. 데카르트와 라이프니츠, 호이겐스Huygens, 뉴턴, 그리고 과학혁명 당시의 다른 위대한 인물 모두 그렇게 생각했다.

이에 따라 뉴턴의 여러 가지 발견에도 불구하고 그의 신학적 가정을 무시하는 한 세상은 여전히 이해할 수 없는 상태였다. 앞서 언급했듯이, 그래서 도달한 해결책이 과학의 목표를 낮추는 것이었다. 세상을 이해하려는 노력을 포기하고 그보다 훨씬 약한, 그러니까 우리가 이해할 수 있는 이론을 추구하는 것을 목표로 정했다. 그 이론이 사실로 상정하는 것을 이해할 수 있는지 여부는 신경 쓰지 않았다. 당시 버트런드 러셀이 세상을 이해할 수 있다는 발상 자체를 '터무니없다'고 일축하며 더 이상 과학적 탐구의 합리적 목표가 될 수 없다고 한 것은 지극히 자연스러운 일이었다.

그렇다면 우리가 인간 이해력의 한계를 증명하고, 우리가 해결할 수 있는 문제와 (적어도 인간에게는) 미스터리 사이에 선을 확실하게 그을 수 있다는 가정에는 모순점이 없다.[34] 실험에 기초한 탐구를 통해, 퍼스가 주장했던 '용인되는 가설의 한계'를 밝혀낼 수 있다. 상식적인 이해력에 해당되는 것은 물론이고 '과학을 형성하는 능력'을 이루

117

는 것들도 포함된다. 퍼스가 특히 관심을 가진 것은 후자인데, 전자와는 다른 속성을 지녔을 가능성이 있다(인지심리학에서 논란이 되고 있는 문제다).[35] 한 가지 접근법은 초기 과학혁명 당시와 계몽주의 시대의 탁월한 인사들이 고민했던 주제, 즉 그들이 '상상도 할 수 없다'고 했던 것들과 특히 그 이유에 대해 진지하게 살펴보는 것이다. '기계론적 철학'은 그 자체가 세상에 대한 상식적인 이해에 가깝다고 알려져 있다. 또한 여러 가지 복잡한 해설에도 데카르트의 영향에서 벗어나기가 어렵다. 데카르트는 자유의지가 우리가 가진 "가장 숭고한 것"이며, "우리가 그보다 더 분명하고 완벽하게 아는 것은 없다"라고 믿었다. 그는 자신이 짐작하는 것처럼 우리가 정말로 마음의 작용 방식을 이해할 정도의 "지적 능력을 충분히 갖지" 못해서, "우리가 마음속으로 이해하고 자기 안에서 경험한" 무언가에 대해 단지 "그 본질을 이해할 수 없다"라는 이유로 의심을 한다면, 그건 "불합리한 태도일 것"이라고 믿었다.[36] 이미 결정된 상태와 임의성에 대한 개념은 우리가 이해할 수 있는 범위에 속한다. 그러나 "마음을 정하지 않은" "남자들의 자유로운 행동"을 이 두 가지 개념으로 설명할 수 없다면, 이것은 인지적 한계를 나타내는 문제라고 볼 수 있다. 오늘날의 과학적 이해력에서 본다면, 그런 행동에 관한 명료한 이론조차 만들지 못하는 것은 아니다.

　신비주의자는 많고 다들 탁월하지만 그들의 태도는 근대 과학의 급속한 발달이 증명하듯 초기 과학혁명 당시와 계몽주의 시대가 인간에게 무한한 설명 능력을 제공했다는 많은 주장과 사뭇 대조를 이루는 것처럼 보인다. 이런 관점을 지지한 대표적인 인물이 다비트 힐베르트David Hilbert다. 1930년, 나치라는 재앙이 괴팅겐의 힐베르트 서클(힐베르트가 괴팅겐 대학 재직 당시 20세기 최고의 수학자들인 에미 뇌터Emmy Noether와 알론조 처치Alonzo Church 등과 교류한 것을 이른다. 이들은 1933년 나치에 의해 대학에서 쫓겨났다 - 옮긴이)을 파괴하기 직전에 행한 마지막 강의에서 그는 위대한 수학자 칼 구스타프 야콥 야코비Carl Gustav Jacob Jacobi가 한 말 중에서 "멀리까지 비추는 생각과 세계관의 아름다운 방식"을 기억해 냈다. 자연 현상을 설명하는 것이 수학의 목표리고 믿는 조지프 푸리에Joseph Fourier를 비난하며 했던 말이다. 힐베르트는 "모든 학문의 유일한 목표는 인간의 정신에 대한 경의"라고 주장했다. 따라서 "순수 정수 이론과 관련된 문제 하나도 실생활에 적용될 수 있는 문제만큼이나 가치가 있다"라고 보았다. 또한 이런 사고방식을 이해하는 사람은 누구나 수학이든 자연과학이든 "앞으로 알지 못할 것ignorabimus이 없음"을 깨닫게 될 것이라고 덧붙였다. "풀리지 않는 문제는 절대 없다. 우리의 대답은 어리석은 불가지론이 아니라 오히려 정반대다. 우리는 알아야 하고 알게 될 것이다." 마지막 문장은 힐베르트의 묘비명이기도 하다.[37]

그러나 얼마 지나지 않아 쿠르트 괴델Kurt Gödel이 수학계에 충격을 주는 증명(괴델은 참인 식이나 문장 중에도 증명이 불가능한 것이 있음을 밝히는 불완전성 정리를 발표함으로써 참인 명제는 모두 증명이 가능하다는 기존의 믿음을 깼다 – 옮긴이)을 함에 따라 힐베르트의 예상은 이루어지지 않았다. 발상은 신선했지만 그의 논리는 자연과학에도 거의 영향력이 없다.

최근에 물리학자 데이비드 도이치David Deutsch는 계몽주의와 초기 근대 과학이 이루어낸 놀라운 성취의 결과로 잠재적 발전 가능성이 "무한하다"라고 썼다. 칼 포퍼Karl Popper 지지자들과 마찬가지로 탐구의 목적을 훌륭한 설명을 추구하는 것으로 조정할 경우를 말하는 것이다. 데이비드 앨버트David Albert가 그의 논리를 자세히 설명한 내용을 보면, "새로운 가설을 만들어내고 평가하는 그 특별한 습관이 도입되면서 우리도 뭔가 할 수 있다는 인식이 생겼다. 생존과 학습, 그리고 성향에 따라 세상을 바꾸는 방법을 완전히 익힌 공동체가 가진 능력은 (장기적으로 볼 때) 문자 그대로는 물론이고 수학적으로도 무한하다."[38]

미스터리의 존재는 대단히 고마운 일

더 나은 설명을 찾으려는 탐구는 정말로 끝이 없을 것이다. 그러나 끝이 없다는 것이 한계가 없다는 뜻은 아니다. 영어는 무한하지만, 그리스어를 포함하지는 않는다. 정수는 무한집합이지만 실수實數

촘스키, 인간이란 어떤 존재인가

를 포함하지는 않는다. 나로서는 신비주의자들의 관심 범위와 결론을 다룬 주장을 찾아볼 수가 없다.

기본적인 전제는 적어도 퍼스까지 거슬러 올라간다. 어쨌거나 그는 한 가지 주장을 제공했다. 그것은 생존 방식을 터득하는 것에 대해 말한 앨버트의 견해와 관련이 있다. 퍼스는 우리로 하여금 용인되는 가설을 세우고 그중에서 선택할 수 있게 만드는 귀추 본능이 자연 선택을 거쳐 발전한다고 주장했다. 그러니까 다른 것이 도태될 때 선택받을 수 있는 강점을 보유하고 적절히 수정을 거치며 살아남아 세상에 대한 진실을 알려주는 변종이라는 것이다. 그러나 이런 믿음은 절대적으로 지속불가능하다. 오히려 진화 이론은 인간의 위치를 자연계 안에 확실히 못박아둔다. 인간을 다른 생물학적 유기체와 동일시하기 때문에 인지적인 면을 포함한 모든 능력에 범위와 한계가 있다고 본다. 따라서 근대 생물학을 인정하는 사람은 신비주의자가 될 수밖에 없다.[39]

자연 선택이라는 납득이 안 되는 근거를 배제하면, 우리에게는 심각하고 어려운 한 가지 과학적인 탐구 주제만 남는다. 언어와 지각, 개념 형성, 이론 구성, 예술적 창조, 그리고 다른 모든 삶의 영역과 관계된 우리의 인지적 특성을 구성하는 본유적 성분을 밝혀내는 것이다. 한 가지 추가로 해야 할 일은 인간 이해력의 범위와 한계를 알아내는 것이다. 물론 우리와 전혀 다른 구조를 가진 지적 존재라면 인간의 미스터리를 단순한 문제로 여기고 우리가 그 답을 알지 못하는 것에 놀라움을 표할 수도 있다. 반대로 우리는 생쥐가 고유의 인지적 한계 때문에 소수가 나오면 방향을 바꾸어야 하는 소수 미로(미로 게임의 하나이다 – 옮긴이)에서 절대 빠져나가지 못하는 것을 볼 수 있다.

적어도 인간에게는 미스터리가 존재한다는 사실은 비통해할 일은 아니라 대단히 고마워해야 할 일이다. 귀추법에 한계가 없다면 우리의 인지 능력에도 범위가 따로 없게 된다. 그것은 유전적 재능이 유기체의 성장과 발달에 한계를 두지 않을 경우 그 유기체는 일정한 형태를 갖추지 못하고, 마치 알 수 없는 환경 재해를 반영하는 것처럼, 아메바와 비슷한 생물밖에 안 되는 것과 같은 맥락이다. 인간 배아가 벌레가 되지 않도록 막아주는 조건은 그 배아가 인간이 될 수 있음을 결정하는 중요한 역할을 하기도 한다. 그것은 인지 영역도 마찬가지다. 그리스·로마 시대의 미학 이론은 범위와 한계 사이에 이 같은 관계가 있음을 인정했다. 규칙 없이는 진정으로 창의적인 활동도 있을 수 없다. 창의적인 노력으로 주요 규칙에 도전하고 그것을 개선할 때도 마찬가지다.

나는 우리가 창의성에 관한 한 16세기 스페인의 의사이자 철학자였던 후안 우아르테Juan Huarte(촘스키는 우아르테가 데카르트 이전에 이미 인간의 이해력과 행동에 다른 동물들과 구분되는 생성적 능력이 있음을 깨달았다고 여러 책에서 높이 평가했다 – 옮긴이)보다 아는 것이 별로 없음을 정직하게 인정해야 한다고 생각한다. 그는 그때 이미 인간에게는 다른 동물과 공통적으로 소유한 유형의 지능이 있으며, 창의적인 언어 사용과 같은 더 높은 차원의 지능은 인간에게만 있는 것이라고 구분했다. 더 나아가 실로 예술적이고 과학적인 창의성으로 표현되는 훨씬 높은 차원의 지능도 있다고 보았다.[40] 우리는 이런 의문이 과연 인간이 가진 이해력의 범위에 들어가는지, 아니면 흄이 "과거에도 그랬고 앞으로도 알 수 없는 상태를 유지할 것"이라고 했던 자연의 궁극적인 비밀에 속하는 것인지조차 알지 못한다.

2. 우리는 무엇을 이해할 수 있는가?

What Kind of Creatures Are We?

공공선이란 무엇인가?

03

1장과 2장에서는 언어와 사고라는 아주 밀접한 관련이 있는 주제를 살펴보았다. 면밀히 탐구한 결과 언어와 사고에는 대부분 직접적인 관찰로는 확인할 수 없고 우리가 인식하지 못하는 중요한 면에서 여러 가지 놀라운 특성이 있음을 알게 되었다고 생각한다. '사고 언어'의 숨은 연산 체계가 갖는 기본적인 구조와 설계도 여기에 속한다. '사고 언어'는 우리가 각자 터득한 내적 언어, 즉 우리의 본질적인 속성에 의해 결정되는, 풍부하지만 한계를 지닌 I-언어가 제공한다. 게다가 연산에 필요한 원자, 즉 언어와 사고의 원자 개념 역시 본질적인 면에서 인간의 고유한 특성으로 보인다. 그래서 그 기원과 관련해 어려운 문제가 발생한다. 언어의 의미라는 표현형의 성질을 신중하게 고려하지 않는 한 생산적인 연구가 불가능한 문제다. 내 생각

에는 탐구를 통해 인간의 사고 범위가 '용인되는 가설의 한계'에 의
해 제한을 받는다는 사실 또한 밝혀졌다. 용인되는 가설은 풍성함
과 깊이를 지니는 한편, 초기 근대 과학 혁명을 일으킨 이들이 열망
했던 방식으로는 결코 이해할 수 없는 미스터리도 남겨둔다. 이것은
17~18세기 사상을 대표하는 저명한 인물들이 다양한 방식으로 인정
한 사실이다. 그러면서도 아주 미미하게 탐구된 대단히 흥미로운 의
문들에 대한 연구 가능성을 열어둔다.

인간은 사회적 존재이므로 공공선 탐구는 당연하다

지금까지는 인간의 특성 중 인지적 측면에 집중하면서 개인으로
서의 인간에 대해 생각해 보았다. 그러나 인간은 당연히 사회적 존재
이며 우리가 어떤 유형의 생물이 되느냐는 우리가 생활하는 사회적·
문화적·제도적 환경이 중요한 영향을 미친다. 따라서 우리의 논의는
인간의 권리와 복지에 기여하고 그들의 정당한 소망을 실현하는 데
보탬이 되는 사회적 합의, 요컨대 공공선에 대한 탐구로 이어진다.

지금껏 살펴본 것은 거의 내게는 너무나 자명한 이치로 보인다.
대부분의 사람은 그렇게 받아들이지 않는다는 점에서 좀 특이한 유
형이기는 하지만. 여기서도 그런 특이한 점을 지닌 자명한 이치들
에 대해 좀 더 논의하고자 한다. 내가 앞으로 다루는 자명한 이치들

촘스키, 인간이란 어떤 존재인가

은 그 범위가 아주 넓을 뿐만 아니라 한 가지 흥미로운 윤리 원칙의 범주와 관련이 있다. 사실상 늘 공언된다는 점에서 보편적이지만, 실제로는 거의 대부분 지켜지지 않는다는 점에서 이중의 보편성을 지닌 것들이다. 자신에게는 남보다 엄격하거나 똑같은 잣대를 적용해야 한다는 아주 일반적인 원칙부터 정의와 인권을 드높이는 데 헌신해야 한다는 비교적 특수한 원칙에 이르기까지, 거의 누구나, 심지어 가장 악랄한 괴물조차도 공언하는 내용이지만, 실제 지켜지는 비율은 전반적으로 암울하다.

존 스튜어트 밀의《자유론On Liberty》으로 시작하는 편이 좋겠다. 이 책 시두에는 다음과 같은 인용구가 있다.

"이 책에서 펼치는 모든 논의는 거대하고 중요한 원칙으로 수렴된다. 그것은 풍요로운 다양성 안에서의 인간 발달이 지닌 절대적이고 본질적인 중요성이다."

이 말은 원래 훔볼트가 한 말이다. 훔볼트의 여러 가지 업적 중에 고전적 자유주의의 토대를 구축했다는 사실도 포함된다. 그의 결론은, 그런 인간 발달을 제한하는 제도는 어떻게든 스스로를 정당화하지 않는 한 부당하다는 말이다.

훔볼트가 표현한 것은 계몽주의 시대에 익숙한 시각이었다. 또 다른 사례로는 분업에 대한 애덤 스미스의 날카로운 비판이 있다. 특히 그가 제시한 이유에 주목할 필요가 있다. 그의 말을 그대로 옮기면,

"대다수의 사람이 가진 이해력은 그들의 일상적인 직업에 의해 만들어질 수밖에 없다." 그런 까닭에,

> 평생 몇 가지 단순한 작업만 하고, 그 결과 역시 어쩌면 늘 똑같거나, 아니면 거의 똑같은 작업을 하며 일생을 보내는 사람은 자신의 이해력을 발휘할 기회가 없으며 … 그래서 대개는 인간이 될 수 있는 가장 어리석고 무지한 사람이 된다. … 그러나 모든 진보하고 문명화한 사회의 가난한 노동자, 즉 대단히 많은 사람이 이런 상태로 전락할 수밖에 없다. 정부가 그것을 막기 위해 애써 노력하지 않는다면.

공공선에 대한 관심을 통해 우리는 교육 제도부터 노동 여건에 이르기까지 이런 처참한 정책들이 미치는 지독한 영향을 극복할 방법을 찾아야 한다. 풍요로운 다양성 안에서 이해력을 발휘하고 인간적으로 발전을 도모할 수 있는 기회를 제공해야 한다.

분업에 대한 애덤 스미스의 날카로운 비판은 분업의 장점에 대한 그의 지나친 찬사에 비하면 잘 알려져 있지가 않다. 사실 시카고대학이 발간한《국부론》200주년 기념 학술판에는 이런 내용이 색인에도 포함되지 않았다. 그러나 이런 비판은 고전적 자유주의의 기초가 되는 계몽주의 이념을 보여주는 좋은 사례다.

스미스는 아마도 그런 인간적인 정책을 도입하는 것이 그렇게 어

촘스키, 인간이란 어떤 존재인가

려운 일이어서는 안 된다고 느꼈던 것 같다. 그는 《도덕감정론The Theory of Moral Sentiments》을 다음과 같은 말로 시작한다.

"인간이 아무리 이기적일지라도 인간의 본성에는 다른 사람의 행복에 관심을 기울이고, 타인의 행복으로부터 뭔가 얻는 것이 아니라 그저 보는 즐거움밖에 없음에도 그들의 행복이 자신에게도 중요하다고 여기는 그런 원칙들이 분명히 존재한다."

뿐만 아니라 "전부 우리 차지이고 다른 이에게 줄 것은 하나도 없다"라고 하는, "사람을 부리는 이들의 비도덕적인 금언"이 있음에도, 그보다는 자애로운 "인간 본성의 순수한 감정"이 그런 병적인 면을 보완해줄 것이라고 주장했다.[2]

고전적 자유주의는 자본주의 떼shoals에 결딴이 났지만 그 인도주의적 책무와 열망까지 완전히 사라진 것은 아니다. 근대에 와서 비슷한 생각들이 반복되어 나타나고 있다. 예컨대 중요한 정치 사상가 한 명은 "역사적으로 중요한 인간의 발달엔 뚜렷한 경향"이 있다며 "살면서 개인적인 힘과 사회적인 힘 둘 다 아무런 제약 없이 자유롭게 펼치기" 위해 애쓰는 것이라고 설명했다. 이 말을 한 사람은 20세기 주요 아나키스트 사상가이자 활동가인 루돌프 로커Rudolf Rocker다.[3] 그는 아나키스트 전통을 개략적으로 서술하면서 아나키스트적 노동조합 운동anarcho-syndicalism에 대한 자신의 견해로 마무리를 지었다. 아나키스트적 노동조합 운동은 유럽식으로 하면 일종의 '자유 사회주의libertarian socialism'라고 할 수 있다. 로커는 이런 생각이 인간의 삶에 관한 다양한 의문과 문제를 단번에 해결해줄 확실한 답을 가진 "하나의 변치 않는 폐쇄적인 사회 체계"를 의미하는 것이 아니라, 오히려 계몽주의 이상을 실현하기 위해 노력하는 인간의 발달 경향이라고 믿었다.

정치적 담론에서 사용되는 용어들은 정확성과는 거리가 멀다. 그 용어들이 사용되는 방식을 생각해볼 때, '사회주의란 무엇인가?' 같은 질문에 의미 있는 답을 준다는 것은 불가능에 가깝다. 자본주의나 자유시장 등 흔히 사용되는 다른 용어도 마찬가지다. '아나키즘'이라는 용어는 특히 더 그렇다. 아나키즘이 널리 다양하게 사용되어 오면서, 격렬히 반대하는 이들과 적극적으로 지지하는 사람 모두에게 노골적으로 남용이 되었다. 그 정도가 너무 심해서 아나키즘을 간단히 설명할 수 없을 정도다. 그러나 나는 로커의 표현이 적어도 아나키스트적 사고와 행동의 다양하고 복잡한 주요 흐름과 함께 가끔 모순되기도 하는 전통에 생기를 불어넣는 중요한 개념들까지 잘 담아내고 있다고 생각한다.

아나키즘은 고전적 자유주의 사상의 계승자

이렇게 본다면 아나키즘은 계몽주의에서 비롯된 고전적 자유주의

촘스키, 인간이란 어떤 존재인가

사상을 계승하는 것이다. 동시에 폭넓은 자유 사회주의 사상과 행동의 범위에 들기도 한다. 안톤 판네쾨크Anton Pannekoek, 칼 코르시Karl Korsch, 폴 매틱Paul Mattick 등의 좌익 반 볼셰비키 마르크스주의부터 1936년 스페인혁명이 거둔 실질적인 성과를 비롯한 아나키스트적 노동조합 운동이 그 예다. 나아가 오늘날 미국의 쇠락한 공업지대와 멕시코 북부, 이집트, 그밖에 다른 여러 국가, 특히 스페인 북부 바스크 지방에서 가장 광범위하게 확대되고 있는 직원 소유 기업, 그리고 전 세계적으로 일어나고 있는 협동조합 운동과 대부분의 페미니스트 운동, 그리고 시민권과 인권 운동까지도 포함된다.

인간 빌딜에서 폭넓게 나타나는 이런 경향이 추구히는 비는 인간 발달을 억압하는 계급과 권위, 지배 구조를 찾아낸 다음, 스스로의 정당성을 입증하라는 매우 합리적인 도전에 직면하게 하는 것이다. 특정한 단계에 이른 사회의 어떤 특별한 조건에서든, 아니면 원칙적으로든 스스로의 정당성을 입증하라는 것이다. 이 같은 도전에 부응하지 못하면 그 구조는 해체되어야 한다. 단순히 해체되기만 하는 게 아니라 재조직되어야 한다. 특히 아나키스트라면 최근에 네이선 슈나이더Nathan Schneider가 아나키즘에 관한 책에서 밝힌 것처럼 "아래로부터의 개조"를 요구한다.[4]

이 말은 어느 정도 자명한 이치로 들린다. 어느 누가 무엇 때문에 불합리한 구조와 제도를 옹호해야겠는가? 정확한 인식이며 자명한

3. 공공선이란 무엇인가?

이치로 받아들여야 할 원칙이다. 자명한 이치는 적어도 진리라는 점에서 가치가 있다. 그래서 대부분의 정치적 담론과 구분된다. 게다가 내 생각에는 공공선을 발견하게 해주는 유용한 발판을 제공한다.

이렇게 특수하면서도 자명한 이치들은 앞서 말한 대로 도덕 원칙 중에서도 이중의 보편성을 갖는 흥미로운 범주에 속한다. 우리는 강압적인 제도에 도전해야 하며 스스로 정당성을 입증하지 못하는 구조를 거부하고 무너뜨리고 아래로부터 재조직해야 한다는 자명한 이치도 마찬가지다. 이런 진리를 당당히 말로 하는 만큼 일상적으로도 실천한다는 것이 쉽지는 않지만, 그렇다고 원칙적으로 그럴듯하게 거부한다는 것도 상상하기가 어렵다.

다시 한 번 로커의 말을 인용하자면, 어쨌거나 아나키즘은 이런 생각을 발전시켜 "경제적 착취로부터의 노동 해방"과 "종교적, 혹은 정치적 감독 체제"에서 벗어난 자유로운 사회를 추구한다. 그렇게 해서 "공동체 이익에 부합하는 협업적인 노동과 조직적인 관리를 바탕으로 남녀 집단이 자유롭게 연합"하는 길을 열어가려는 것이다. 로커는 나아가 아나키스트 '운동가'로서, 아나키스트의 상징적 존재인 미하일 바쿠닌Mikhail Bakunin의 권고를 따라 대중 조직이 "미래에 대한 생각뿐만 아니라 그 미래 자체를" 창조해 나가야 한다고 촉구한다.

전통적 아나키스트의 슬로건은 "Ni Dieu, ni Maître", 즉 "신도 없고 주인도 없다"이다. 이는 대니얼 게렝Daniel Guerin의 소중한 아나키스트 고전 모음집의 제목이기도 하다. '신도 없다'라는 슬로건은 로커의 말에 비춰보면 종교적 감독 체제에 반대하는 것임을 쉽게 이해할 수 있다. 개인의 종교 자체를 반대하는 것이 아니다. 그래서 기독교적 아나키즘이 강렬하고 인상적인 전통을 가질 수 있는 것이다. 도로시 데이Dorothy Day의 가톨릭 노동자 운동이 대표적이다. 반세기 전, 제2차 바티칸공의회에서 시작된 해방신학의 여러 가지 성과도 여기에 속한다.

그러나 이것을 계기로 미국 정부는 교회와의 잔혹한 전쟁을 시작했다. 복음서의 근본적인 평화주의 메시지로 돌아가자는 움직임을 이단으로 간주하고 파괴에 나선 것이다. 아메리카 군사학교School of the Americas(후에 이름을 바꿈)가 라틴아메리카인에게 암살과 고문 기술을 가르치고는 미군이 해방신학을 무너뜨리는 데 도움을 주었다고 자랑스럽게 떠드는 것을 보면, 전쟁은 성공적이었다.[5] 끔찍한 탄압이 라틴아메리카 전체를 휩쓸면서 순교자가 줄을 이었을 정도로 대단한 성공이었다.

이런 사실은 대부분 기존의 역사에서 빠져 있다. 부적절한 기관의 잘못된 조치라는 이유에서다. 이런 범죄를 공식적인 적의 탓으로 돌릴 수 있었다면 우리는 아마도 그 내용을 자세히 알고 있었을 것이다. 이 또한 이중의 보편성을 갖는 그 흥미로운 윤리 원칙의 또 다른 예다.

당연히 순수 학문에서도 1960년부터 "소비에트가 붕괴한 1990년 까지 라틴아메리카에서 정치적으로 비폭력 저항을 하다 수감되고, 고문을 당하고, 처형된 사람의 수가 같은 시기 소비에트연방과 동유럽 위성 국가 전체에서 그렇게 희생된 사람의 수보다 월등히 많다"라는 사실을 잘 알고 있다. "다시 말하면, 희생자 수로 볼 때 1960년부터 1990년까지 구소련을 비롯한 동유럽 공산국가 전체보다도 라틴아메리카의 여러 국가가 더 심한 탄압에 시달렸다는 이야기다." 중앙아메리카에서만도 "전례 없는 인류 재앙"이 발생했으며, 특히 레이건 정부 시절에 심했다.[6] 처형된 사람 중 상당수가 순교자였으며 미국 정부가 줄곧 지원을 하거나 직접 개입한 대량학살도 있었다. 일반적인 수사학적 틀을 벗어나면, 탄압이 만연했던 이유가 냉전과는 거의 관계가 없음을 알게 된다. 그보다는 피지배자들이 교회가 다시금 '가난한 자를 우대하는 선택'을 하는 것에 자극을 받아 감히 고개를 들기 시작한 현실에 대한 반작용이었다.

문득 도스토예프스키가 쓴 종교재판소장의 이야기가 떠오른다(《카라마조프가의 형제들》에 나오는 종교재판소장은 인간에게 선과 악 사이에서 선택할 자유를 주었다는 이유로 그리스도를 부정한다 - 옮긴이).

전통적 아나키스트의 슬로건에서 '주인도 없다'는 말은 또 다른 의미를 갖는다. 이 말은 개인의 신념이 아니라 사회적 관계, 즉 지배 종속 관계와 관련이 있다. 아나키즘은 이런 관계가 어떻게든 그 정당성을 입증해야 한다는 혹독한 부담을 해결하지 못할 경우에 완전히 무너뜨리고 아래로부터 다시 세우려고 한다.

아나키스트와 국가

. 이제 우리는 자명한 이치에서 벗어나 논란이 많은 주제로 옮겨왔다. 특히 미국의 자유의지론은 이제 전통적 자유의지에서 심하게 벗어나 있다. 노동자가 경제를 지배하는 사람에게 순종하고, 모든 사람이 제한적 규제와 시장의 파괴적인 특성에 복종하는 것을 용인할 뿐만 아니라 사실상 지지하기까지 한다. 파고들만 한 기치가 있는 주제이지만 여기서는 좌파 자유의지론자libertarian left와 우파 자유의지론자libertarian right의 에너지를 한데 모을 방법이 있을 것이라는 언급만 하고 넘어가려고 한다. 예컨대 경제학자 데이비드 엘러먼David Ellerman의 이론적이면서도 현실적인 연구를 보면 실제로 그렇게 되기도 한다.[7]

아나키즘은 국가에 반대한다고 널리 알려져 있지만, 로커가 말한 대로 "공동체 이익에 부합하는 조직적인 관리"는 지지한다. 나아가 자치공동체와 일터의 폭넓은 연합도 지지한다. 오늘날 현실 세계에서는 이런 목표에 헌신적인 아나키스트들이 정부 권력을 지지하는 경우도 종종 있다. 집중된 민간 자본의 횡포로부터 사람과 사회, 그리고 지구까지도 보호하기 위해서다. 1886년에 피터 크로포트 킨(Peter Kropotkin, 상호부조론을 주창한 러시아의 아나키스트이다 – 옮긴이)의 추종자들이 사회주의 아나키스트 잡지로 처음 만든 유서 깊은 〈자유Freedom〉를 예로 들어보자. 책장을 펼치면 많은 사람이 안전 규제와 건강, 환경 보호 같은 권리를 옹호하기 위해 이따금 국가 권력에 호소하는 것을 볼 수 있다.

그렇다고 모순점이 있는 것은 아니다. 사람들은 기존 사회라는 현실 세계에서 생활하고, 고통을 겪고, 견뎌낸다. 제대로 된 사람이라면 자신을 보호하고 이롭게 하는 방법이 있으면 어떤 것이든 활용하려고 해야 한다. 비록 장기적인 목표는 그런 수단을 없애고 더 나은 대안을 세우는 것이더라도 말이다.

이런 주제를 논의할 때면 내가 자주 차용하는 이미지가 있다. 브라질의 농민 운동 때 사용되었던 것이다.[8] 그들은 새장의 바닥을 넓히는 것에 대해 이야기한다. 기존의 억압적인 제도로 이루어진 새장을 대중적인 투쟁으로 넓혀나갈 수 있으며, 지난 수년 동안 효과적으로 그래 왔음을 강조한다. 우리는 그 이미지를 좀 더 확대해 우리를 가두는 억압적인 국가 제도가 새장 밖에서 어슬렁거리는 잔인한 짐승들로부터 우리를 보호해 주는 장치라고 생각해볼 수 있다. 그 포식자들은 정부 지원을 받는 자본주의 제도를 가리키며, 원칙적으로 지배자들의 비도덕적인 금언에 충실하고 사적인 이득과 권력, 지배에 전념한다. 공동체 이익과 그 구성원은 부차적인 것이라 말로만 소중히 여길 뿐 현실에서는 원칙상은 물론이고 심지어 법적으로도 무시되기 일쑤다.

아나키스트들이 비난했던 국가가 실제로 존재했던 국가였음을 기억할 필요가 있다. 국민의, 국민에 의한, 국민을 위한 정부같이 아직 실현되지 않은 민주주의의 꿈과 비전을 비난하는 것이 절대 아니다. 그들은 바쿠닌이 '붉은 관료주의red bureaucracy'라고 부르며 인류가 창조한 가장 끔찍한 것이 될 것이라고 예언한 그런 규칙에 격렬히 반대한다. 그리고 오늘날 미국과 같이 계급 통치의 수단이 된 의회제도에 대해서도 반대한다.

정치학계에서 가장 높이 평가받는 연구 중 하나가 사람들의 견해와 실제 정책을 비교하는 연구다. 정책은 분명히 드러나는 것이고, 사람들의 견해는 제법 적중률이 높은 세심한 여론조사로 알 수 있다. 최근에 아주 치밀하게 진행된 연구에 따르면 인구의 대다수가 사실상 선거권을 박탈당한 상태다.[9] 재산·소득 등급 하위 약 70퍼센트는 정책에 아무런 영향력이 없다. 그보다 등급이 높아질수록 영향력은 점차 증가해 마침내 최고 등급에 이르면 정책을 결정하다시피 하는 이들을 만나게 되는데, 그들의 수단은 분명하다. 그렇게 만들어진 제도는 민주주의가 아니라 금권정치다.

이러한 현실 인식이 너무나 깊이 자리 잡은 나머지 사실상 눈에 띄지도 않는다. 어떤 때는 놀랄 정도로 그렇다. 건강보험을 생각해 보자. 이것이 수년째 미국인의 최대 관심사 중 하나인 데는 그만한 이유가 있다. 건강보험 제도가 치욕스럽기 때문이다. 경제협력개발 기구OECD 회원 국가보다 1인당 비용이 두 배 가까이 높은데도 결과 물은 오히려 더 형편없으니 경제적으로 엄청난 낭비다. 게다가 거의 민영화되었으면서도 규제를 받지 않는 유일한 제도이기도 하다.

이런 사실은 교훈적인 면에서 주목을 받는다. 실패한 건강보험에 대한 〈뉴욕타임스〉 보도에 따르면 미국은 "비용부담이 적은 건강보험을 추구하는 데 근본적인 장애가 있다. 다른 모든 선진국은 직접적인 정부 개입이나 협상, 요율 설정 등에 크게 의존하는데 반해 이 나라에서는 그것이 정치적으로 허용되지 않는다." 이 기사에 인용된 한 전문가는 건강보험개혁법Affordable Care Act이 복잡해진 이유를 "건강보험을 민간 시장에 의존하여 제공해야 하는 미국 내 정치적 수요"에서 찾는다. 그에 따른 결과물은 "카프카적인", 부조리하고 암울한 법안이다. "수혜자가 수천만 명인 노인의료보험 제도조차도 약값을 조정하는 협상이 허용되지 않는다."

'정치적 불가능'이란 문제는 전에도 주목을 받은 바 있다. 2004년 대통령 선거 당시 〈뉴욕타임스〉는 이렇게 보도했다. 존 케리John Kerry 후보가 "진땀을 흘리며 … 건강보험 혜택을 확대하려는 그의 계획이 정부 차원의 새로운 프로그램을 만드는 것으로 이어지지는 못할 것임을 밝혔다." 왜냐하면 "미국에서는 건강보험 시장에 정부가 개입하는 것이 정치적 지지를 거의 못 받기 때문이다."[10]

존 듀이 사상의 아나키즘적 요소

정부 개입이나 심지어 약값을 정하기 위한 협상조차도 "이 나라에서는 정치적으로 허용되지 않는" 이유가 무엇일까? 대체 왜 "정치적 지지를 거의 못 받는" 것일까? 수년에 걸친 여론조사 결과가 분명히 나타내듯 그 이유가 대중의 의견 때문은 아니다. 오히려 정반대다. 대중의 85퍼센트는 '고령자를 위한 약값을 낮추기 위해 연방정부가 제약회사와 협상에 나서는 것을 허용하자'라는 의견을 지지한다. 오바마 대통령이 외면했던 대중의 선택 또한 60퍼센트의 지지를 받는 것이었다. 지난 수십 년 동안 대중의 높은 지지율을 받은 건강보험 제도는 다른 선진국이나 아니면 몇몇 더 가난한 나라와 유사한 형태였다. 그런 제도에 대한 지지율이 얼마나 높았는지 레이건 정권 후반기에는 대중의 70퍼센트 이상이 '건강보험 제도가 헌법에서 보장되어야 한다고 생각했다.' 40퍼센트는 '이미 그렇다'라고 알고 있었다.[11]

여기서 '정치적 지지'가 제약회사와 금융기관의 지지를 뜻한다는 것은 암묵적으로 이해하는 사실이다. 그들의 결정에 따라 '정치적으로 허용 가능한' 것이 무엇인지가 정해진다. 요컨대 금권정치가 사실상 불가피한 진실의 경지에 이른 것이다.

좀 더 친절하게 말하면, 영국의 법학자 코너 기어티Conor Gearty가 '신민주주의neo-democracy'라고 부르는 것일 수도 있다. 신자유주의의 파트너인 신민주주의는 겉으로는 보편적이고 형식적인 권리를 보장하지만 안으로는 소수만이 자유를 누리고, 완전한 의미에서의 안전은 오직 엘리트층에게만 허용되는 체제다.[12] 다시 말하면, 홉스가 말한 의미에서의 자유가 보장되는 사회이며 누구나 "자기 의지로 하려고 하는 일을 방해받지 않는다." 홉스에 따르면 "만약에 내가 단지 결과가 두렵다는 이유로 어떤 일을 하지 않겠다고 선택한다면, 그것은 내게 그 일을 할 자유가 없다는 의미가 아니다. 단지 내가 하고 싶지 않을 뿐이고 따라서 여전히 자유롭다는 뜻이다." 설령 그 선택이 굶주림이나 노예의 길이어도 그 선택을 방해하는 것이 없다면, 우리는 자유롭다는 뜻이다. 그러니까 가난도 선택의 문제이며, 결과를 두려워하면서 굶주림을 선택하지는 않는다는 얘기다.

그에 반해서 진정한 민주주의 제도라면 훔볼트적 이상을 실현하려고 할 것이다. 다시 한 번 로커의 말을 인용하자면, 당연히 "공동체 이익에 부합하는 협업적인 노동과 조직적인 관리를 바탕으로 하는 남녀 무리의 자유로운 연합"의 성격을 띨 가능성이 높다. 사실 그것이 민주주의적 이상의 한 형태와 아주 동떨어진 것은 아니다. 적어도 한 가지 형태일 수는 있다. 다른 이상에 대해서는 다시 다루겠다.

예컨대 존 듀이의 경우를 살펴보자. 사회적·정치적으로 그의 주된 관심은 민주주의와 교육이었다. 누구도 듀이를 아나키스트로 여기지 않았다. 그러나 그의 견해를 살펴보자.[13] 그가 생각하는 민주주의에서는 부당하게 강압적인 구조는 붕괴되어야 한다. 중요한 것은 거기에 "은행과 토지, 산업을 사적으로 통제하고, 언론과 언론 홍보 기관, 그 외 다른 광고 및 선전 수단을 제어하는 능력으로 이를 뒷받침하는 사기업"에 의한 지배도 포함된다. 듀이는 민주주의 형태가 그대로 남아 있음에도 "오늘날의 권력은 생산과 거래, 광고, 운송, 그리고 소통을 장악하는 능력에서 비롯된다"라며 "누구든 그것을 소유하는 자가 국가 전체의 삶을 지배한다"라고 인시했다. 생산과 거래, 광고, 운송, 그리고 소통이 대중의 손에 들어오지 않는 한, 정치는 앞으로도 지금처럼 "사회에 거대 기업의 그림자를 드리우는 역할"을 계속할 것이다.

그러나 듀이는 공공 지배 형식을 촉구하는 수준에서 훨씬 나아갔다. 그는 자유 민주주의 사회에서 노동자는 사용자가 빌려 쓰는 도구가 아니라 "각자 속한 산업의 운명을 지배하는 사람"이 되어야 하며, 국가 권력의 지시를 받지 않아야 한다고 주장했다. 이런 입장은 많은 사람 중에서도 특히 훔볼트와 스미스가 밝히고 아나키스트 전통에서 확대된, 고전적 자유주의의 주요 발상과 일치한다.

교육으로 돌아가서, 듀이는 "자유롭고 현명하게" 일하기 위해서가 아니라 "시키는 대로 일하기 위해" 아이들을 교육하는 것은 "반자유주의적이고 비도덕적"이라고 믿었다. 예컨대 아이들이 시험 점수를 받기 위해 공부를 한다면 그것은 "자유롭게 시작한 일이 아니기 때문에 자유로운 행위가 아니다." 계몽주의 시대 때부터 전해 오는 이미지로 보면, 교육은 그릇에 물을 붓는 일, 더군다나 우리 모두 경험해 보았듯이 깨져서 물이 줄줄 새는 그릇에 물을 붓는 일이 되어서는 안 된다. 그보다는 훔볼트가 표현한 대로, 줄을 하나 늘어놓고 아이들이 각자의 방식으로 그 줄을 따라 나아가도록 하는 일로 생각해야 한다. 아이들이 창의력과 상상력을 발휘하고 향상시켜 나가면서 발견의 기쁨도 경험하도록 하는 것이다.

이런 의미에서 듀이는 산업이 "봉건주의적 질서에서 민주주의적 질서로" 바뀌어야 한다고 말한다. 그리고 교육 방식은 지금의 교육과는 사뭇 다르게, 창의성과 탐구력, 독립심, 협동심을 키우는 방향으로 설계되어야 한다.

이런 생각은 아주 자연스럽게 노동자의 생산시설 지배를 바탕으로 하는 사회를 상상하는 것으로 이어진다. 19세기 사상가, 특히 칼 마르크스와, 상대적으로 덜 알려졌지만 존 스튜어트 밀이 상상했던 모습이다. 밀은 "만약에 인류가 발전을 계속한다고 할 때 우세할 것으로 예상되는 연합의 형태는 분명히 … 노동자들이 평등한 조건에서 자발적으로 모여 작업에 사용하는 자본을 공동으로 소유하며, 그

들이 선출할 수 있고 무효화시킬 수도 있는 관리자의 지휘 아래 일하
는 연합 형태일 것"이라고 믿었다.[14]

이런 생각은 자유로운 연합과 연합 조직이라는 틀 안에서의 공동
체 관리와도 연결되어야 한다. 다만 그 방식이 다양한 사상에서 볼
수 있는 보편적인 형태여야 한다. 여기에는 많은 아나키스트와 더불
어 조지 더글러스 하워드 콜George Douglas Howard Cole의 길드 사
회주의와 좌익 반볼셰비키 마르크스주의는 물론이고, 마이클 앨버
트Michael Albert, 로빈 하넬Robin Hahnel, 스티븐 셜롬Steven Shalom 등
의 참여 경제학과 정치학도 포함된다. 작고한 시모어 멜먼Seymour
Melman과 그의 동료들이 남긴 이론적으로나 현실저으로 모두 중요
한 연구와 최근 미국의 쇠락한 공업지대 등에 노동자 소유 기업과 협
동조합이 발달하는 데 소중한 기여를 해준 가르 알페로비츠Gar Alp-
erovitz의 연구도 포함된다.

자본주의 혁명과 노동자의 임금 노예화

듀이는 미국의 주류를 상징하는 인물이었다. 게다가 그의 그런 생
각은 사실 미국 전통에 깊숙이 뿌리박고 있다. 그것을 좇아가다 보면
19세기 중반 산업혁명이 태동한 이후 계속된 고무적이면서도 이따
금 격렬했던 투쟁의 영역으로 들어가게 된다. 당시 산업 노동자들에

대해 최초로 순수 학문적으로 연구한 이는 노먼 웨어Norman Ware였다. 90년도 더 된 연구지만 아직까지도 읽어볼 만한 가치가 아주 크다.[15] 이 책은 예전에 독립적인 수공업자였던 이들과 농민, 그리고 농촌을 떠나 보스턴 인근 직물공장에서 일하던 '여공factory girls'에게 주어진 끔찍한 작업 환경을 돌아본다. 그러나 노먼 웨어가 주로 관심을 집중하는 부분은 "산업 노동자가 힘들게 겪었던 수모"와 "지위와 독립의" 상실이다. 이런 고통은 물질적인 상황이 개선된 뒤에도 사라지지 않았다. 그는 급진적 자본주의에 의한 "사회 혁명"에도 관심을 기울인다. "이 혁명으로 공동체 전체가 갖고 있던 경제적 주권이" "특정 계급을 유지하려는" 지배자에게 넘어갔다. 그 지배자는 대개 생산과는 거리가 멀고 "생산자와도 이질적인" 집단이다. 노먼 웨어는 "기계 공업에 저항하는 모든 시위에서는 언제나 자본주의적 생산과 규제로 인한 새로운 권력에 저항하는 사람을 많이 볼 수 있다"라고 기록한다.

노동자는 단지 빵과 장미를 얻기 위해 파업을 하는 것이 아니었다. 그들은 존엄성과 자립, 그리고 자유로운 남성, 혹은 여성으로서의 권리를 위해 투쟁했다. 그들은 잡지를 통해 "군주제의 원칙들이 민주주의의 토양에 끼친 폭발적인 영향"을 비난했다. 그 영향력은 "공장에서 일하는 사람이 공장의 주인이 되고", 자유로운 생산자가 자주권을 회복해야만 극복이 될 것이다. 그러면 그들은 더 이상 "하찮은 일을 하는 사람이나 낯선 폭군[부재지주]에 예속된 미천한 신분, 엄격하게 말하면 … 주인을 위해 힘들게 일하는 … 노예"가 아닐 것이다. 그보다는 "자유로운 미국 시민"으로서의 지위를 되찾게 될 것이다.

자본주의 혁명은 가격에서 임금으로의 심각한 변화를 가져왔다. 노먼 웨어는 생산자가 자기 상품을 일정한 가격을 받고 팔 때는 "그의 인격이 유지가 됐지만, 그가 자신의 노동을 팔기 시작했을 때는 그의 인격도 함께 팔렸다"라고 말한다. 그 결과 인간으로서의 존엄성을 잃고 노예, 흔히 말하는 '임금 노예'가 되었다. 170년 전 쯤에 뉴욕의 한 숙련 노동자 집단은 날품팔이가 노예제와 같다는 상식적인 견해를 기듭 밝히며, 임금 노동자들이 "자립심이나 사존삼과는 성반대로 어쩔 수 없이 강요된 체제 안에서 사람으로서 누릴 수 있는 영광이 무엇인지조차 까맣게 잊어버리는" 날이 올 것이라고 날카롭게 경고했다. 물론 그날이 "아득히 멀기"만을 빌면서 한 말이다.

노동 운동가들은 '자기만 생각하고 부자 되기'라는 새로운 '시대정신'을 주의해야 한다고 경고했다. 이런 모욕적인 시대정신에 대한 뚜렷한 반응으로 일어난 노동자와 진보적인 농민의 운동은 미국 역사에서 가장 중요한 민주적 대중 운동으로서 연대와 상호부조를 위해 헌신했다.[16] 이 투쟁은 여러 차례 후퇴하고 폭력적인 탄압도 자주 받았지만 아직도 끝나지 않은 상태다.

임금 노예의 급진적 혁명을 지지하는 사람은 노동자가 자유 계약과 자발적인 참여를 보장하는 체제를 누려야 한다고 주장한다. 이에 대해 영국의 시인 셸리Percy Bysshe Shelley가 이미 200년 전에 〈무질서의 가면극Masque of Anarchy〉이라는 멋진 시로 화답했다. 영국 기병대가 의회 개혁을 요구하는 수만 명의 평화 시위대를 잔인하게 공격한 피털루 대학살 직후에 쓴 시다.

셸리는 우리가 노예 상태가 어떤 것인지 안다며 이렇게 썼다.

당신의 사지로 힘들게 일하고
하루하루 겨우 목숨을 부지할 정도의
임금을 받는 것. 감옥 같은 곳에서
폭군의 지시를 기다리며 사는 것,

…

영혼까지 노예가 되는 것
자신의 의지를 강하게
제어하지 못하고, 다 되어주는 것
다른 사람들이 원하는 대로.

존엄성과 자립심, 자유를 얻기 위해 투쟁했던 장인이나 여공들은 당연히 셸리의 글을 알고 있었을 것이다. 당시 상황을 목격한 사람들은 그들에게 훌륭한 도서관이 있었고 수준 있는 영문학 작품도 자주

촘스키, 인간이란 어떤 존재인가

접했다고 기록한다. 기계화가 진행되고 임금 제도가 자립심과 문화를 파괴하기 전까지만 해도 작업장은 라이시움(lyceum, 아리스토텔레스가 아테네에서 철학을 가르쳤던 장소를 일컫는 말이며, 강연이나 공개 토론 등을 통해 교양을 쌓는 문화 단체나 운동을 의미하기도 한다 – 옮긴이) 같았다고 노먼 웨어는 말한다. 장인들은 일하는 동안 책을 읽어줄 소년을 고용하기도 했다. 그들의 일터는 읽고 토론하며 서로 발전할 수 있는 기회가 많은 "사회적 작업장"이었다. 여공과 마찬가지로 장인 역시 그들 고유의 문화가 파괴된 것에 격하게 불만을 토로했다. 영국도 사정은 똑같았다. 당시 노동 계급의 독서 습관을 조사한 조너선 로즈Jonathan Rose의 기념비적인 연구가 있다.[17] 조니선 로즈는 "독학 하는 프롤레타리아 계급의 치열한 지식 추구"와 "영국 귀족 계층에 만연한 속물 근성"을 대조적으로 보여준다. 나는 그 잔재가 뉴욕 노동자 사이에 남아 있었던 것을 기억할 만큼 나이가 많다. 그들은 대공황이 한창이던 시절에도 고급 문화에 심취했다.

민주주의의 문제점과 진정한 자유의지 전통

나는 앞서 듀이와 미국 노동자들이 자유의지 요소가 강한 민주주의 형태를 지지했다고 언급했다. 그러나 지금껏 우세했던 것은 전혀 다른 형태의 민주주의다. 그것을 가장 잘 설명해 주는 표현은 주류 지식인의 스펙트럼에서 가장 진보적인 쪽에 속하는, 윌슨-루즈벨트-케네디 시절의 진보적 학자들에게서 찾을 수 있다. 대표적인 예를 몇 개만 인용하겠다.

대중은 "무식하고 간섭하기 좋아하는 문외한들이라 그들이 하찮은 존재임을 알게 해야 한다." 의사결정은 "소수의 영리하고 책임 있는 사람들"이 맡아야 하며, 그들은 "우왕좌왕하는 무리가 함부로 짓밟거나 소란을 피우는 것으로부터" 보호를 받아야 한다. 그 무리에게도 한 가지 '기능'이 있다. 몇 년에 한 번씩 책임 있는 사람 중에 한 사람을 선택하는 데 기여하는 것이다. 그것을 제외하면 그들의 기능은 "관중으로서 지켜보는 것일 뿐 행동에 참여하는 것은 아니다." 전부 그들을 위한 일이다. 우리는 "사람들이 각자 자기에게 이로운 일을 가장 잘 판단할 수 있다는 민주주의의 독단"에 굴복해서는 안 된다. 그들은 절대 그러지 못한다. 책임 있는 우리가 해주어야 하는 일이다. 따라서 태도와 의견도 정해주고 제어를 해주어야 한다. 우리는 "군대에서 장병들의 신체를 엄격하게 관리하는 식으로 사람들의 마음을 엄격하게 관리"해야 한다. 특히 "젊은 세대에 대한 주입식 교육"을 담당하는 기관에 더 나은 학습법을 도입해야 한다. 그것이 실현된다면 전통적인 엘리트들이 "험한 시절"이라고 표현하는, 1960년대와 같은 위험한 시기는 피할 수 있을 것이다. 그러면 "민주주의의 절제"가 좀 더 이루어지면서, "트루먼 대통령이 비교적 적은 수의 월스

촘스키, 인간이란 어떤 존재인가

트리트 변호사 및 금융인들과 협력하여 나라를 다스릴 수 있었던" 그 좋은 시절로 돌아갈 수 있다.

이런 말은 모두 진보적 지배계층의 우상으로 일컬어지는 월터 리프먼Walter Lippman, 에드워드 버네이스Edward Bernays, 해럴드 라스웰Harold Lasswell, 새무얼 헌팅턴Samuel Huntington과, 카터 행정부에 크게 기여한 삼각위원회Trilateral Commission(1973년 데이비드 록펠러가 북미와 유럽, 일본의 긴밀한 협력을 도모하기 위해 만든 민간 모임. 삼각위원회의 지지로 카터 행정부가 출범했으며, 삼각위원회의 핵심 멤버였던 즈비그뉴 브레진스키는 카터 행정부의 국가안보보좌관으로 발탁됐다. 촘스키는 삼각위원회가 민주주의의 절제를 주구하며 사람들이 수동적이고 순종적인 태도로 돌아가 국가 권력을 제약하지 못하게 만들고자 했다고 비판한다 – 옮긴이)의 발언을 인용한 것이다.[18]

이렇게 왜곡된 민주주의 개념에는 단단한 뿌리가 있다. '미국 건국의 아버지들'은 민주주의가 가진 위험 요소를 많이 우려했다. 제헌회의 당시 헌법의 초안을 만든 제임스 매디슨James Madison은 이런 위험성을 직접 경고하기도 했다. 그는 자연스럽게 영국을 자신의 본보기로 삼으며 다음과 같이 말했다. "만약에 영국에서 모든 계층의 사람에게 선거권을 인정했다면, 오늘날 지주들의 재산이 안전하게 지켜지지 못했을 것이다." 그리고 "당장 토지분배법이 시행되어" 재산권을 훼손했을 것이라고 덧붙였다. 그런 부당함을 막기 위해 "우리 정부는 영구적인 국익을 혁신으로부터 안전하게 지켜야 한다"며 투

표 양식을 정하고 견제와 균형을 실천함으로써, "소수의 부유층을 다수로부터 보호해야 한다"라고 주장했다.[19] 그것이 올바른 정부의 가장 중요한 임무라는 것이다.

매디슨이 우려한 대로 민주주의의 위협은 훨씬 커졌다. "삶의 온갖 역경 속에서도 일을 계속하면서, 삶의 영광을 좀 더 평등하게 나누면 좋겠다고 생각하며 남몰래 한숨 쉬는 이들"도 증가했을 것이기 때문이다. 아마도 셰이즈의 반란(Shays's Rebellion, 1786~1787년 미국 매사추세츠주 스프링필드에서 일어난 농민 반란이다 – 옮긴이)에 영향을 받은 매디슨은 '평등한 참정권'을 인정하면 순식간에 권력이 그들의 손아귀로 넘어갈 것이라고 경고했다. 이어 "아직까지 이 나라에서 토지 분배에 대한 시도는 없었다"며 "그러나 평등을 요구하는 기운이 … 일부 지역에서, 미래에 닥칠 위험을 경고할 만큼 충분히 나타나고 있다"라고 덧붙였다. 이런 이유로 매디슨은 헌법 체계에 관한 주된 권력을 가진 상원위원이 "반드시 부유층으로 구성되어 부유층을 대변해야 하며" "좀 더 능력 있는 사람들"이 맡아야 한다고 믿었다. 또한 민주적 통치를 제한하는 다른 규정들도 도입해야 한다고 주장했다.

매디슨의 이런 고민은 지금껏 정부 고위 관리들을 괴롭혀 왔다. 예컨대 1958년에 존 포스터 덜레스John Foster Dulles 국무장관은 당시 미국이 라틴아메리카에서 직면한 어려움을 고민했다. 그는 현지 공산주의자들이 "대중 운동을 장악할 가능성"이 있는 반면에 우리는

"그렇게 할 역량이 없다"는 사실에 우려를 표했다. 현지 공산주의자들이 유리한 점은 "그들이 가난한 이들에게 호소하고 있으며, 언제나 부유층을 약탈하고 싶어 한다"라는 사실이다.[20] 어쨌거나 우리는 그들을 모아놓고 정부가 "소수의 부유층을 다수로부터 보호"해야 한다는 것을 납득시킬 수가 없다. 격식에 맞추어 우리의 생각을 전달할 수 없다는 점이 우리로 하여금 폭력에 의존하게 만든다. 이것은 우리의 고상한 원칙에 반하는 일이라 대단히 유감스럽다.

매디슨은 "우리가 영원히 계속되기를 바라는 체제의 틀을 만드는 일"에 성공하기 위해서는 통치자가 소수의 부유층에서 배출되도록 단단히 보장할 필요가 있다고 생각했다. 그러면 "평등하고 보편적인 참정권으로 인해 부를 소유하지 않은 이들에게 부에 대한 절대적인 권한을 부여하게 되는 위험으로부터 재산의 권리rights of property를 보호"하는 것이 가능해질 것이기 때문이다. 재산에 '대한' 권리rights to property, 즉 재산 소유자가 갖는 권리라는 의미로 보통 '재산의 권리'라는 어구가 사용되었다. 수년 뒤인 1829년에 매디슨은 "가진 재산이 없거나 그럴 희망도 없는" 이들은 "재산권에 대해 충분히 공감할 수 없으며 그에 대한 권한을 안전하게 수행할 수도 없다"라고 생각했다. 해결책은 정치 참여를 부유층과 그 대리인들의 손에 효과적으로 맡기고, 대중의 참여를 제한함으로써 확실하게 분리된 사회를 만드는 것이었다. 학자들은 "헌법이 본질적으로 당대의 민주주의 경향을 단속하려고 만든 귀족적인 문서였다"는 데 대체로 동의한다. "부유하거나 가문이 좋거나, 유명한 사람이 아니면 정치적 권력을 행사하지 못하도록" 배제하고 "더 나은 유형의" 사람들에게 권력을 넘겨줌으로써 말이다.[21]

매디슨을 두둔하자면, 우리는 그가 "지금은 거의 상상할 수도 없을 만큼 철저하게 명예를 중시하는 18세기 신사였다"라는 사실을 기억해야 한다.[22] 그가 권력을 장악해도 된다고 생각하는 사람은 "깨우친 정치인"과 "자비로운 철학자"였다. "순수하고 고귀"하기까지 하면 더할 나위 없는 이런 "지혜롭고 애국심이 투철하며 재산과 독립적인 환경을 갖춘 사람들"은 "시민의 선택을 받은 집단으로서, 그들의 지혜로 국가의 진정한 이익을 가장 잘 가려내리라"고 믿었다. 또한 "애국심과 정의를 사랑하는 그들의 마음이 일시적이거나 편파적인 이유로 국익을 희생시키지 않을 것"이라고 기대했다. 그 결과 민주주의가 고집하는 다수의 "해악"으로부터 공공의 이익을 보호하며, "대중의 시각"을 "개선"하고 "확대"해 나갈 것이라고 확신했다.

그러나 현실은 그렇지가 않았다.

매디슨이 인식한 민주주의의 문제점은 이미 오래 전에 아리스토텔레스도 알고 있었던 내용이다. 정치학 관련 첫 번째 저서인 《정치학Politics》에서 아리스토텔레스는 다양한 정치 제도를 검토한 뒤에 그중에서 민주주의가 가장 낫거나 어쩌면 가장 덜 나쁜 제도라고 결

촘스키, 인간이란 어떤 존재인가

론지었다. 하지만 문제점도 찾아냈다. 엄청나게 다수인 가난한 사람들이 투표권을 이용해 부유한 이들의 재산을 빼앗는 부당한 일이 벌어질 수 있다는 점이다. 매디슨과 아리스토텔레스는 똑같은 문제에 부딪쳤지만 정반대 되는 해결책을 선택했다. 아리스토텔레스는 우리가 흔히 복지국가의 방식이라고 여기는 방법을 통해 불평등을 줄여 나갈 것을 권고했다. 반면에 매디슨은 민주주의를 약화시키는 것이 정답이라고 생각했다.

민주주의에 대해 이렇듯 서로 대립되는 생각은 17세기에 영국에서 일어난 최초의 근대 민주 혁명 때부터 있었다. 당시 왕당파와 의회파 긴에 갈등이 심해시 내전이 발생했다. 스스로를 "최고의 품성을 지닌 사람들"이라고 칭하는 젠트리 계층은 대중이 왕이나 의회의 통치를 원치 않고 "자기들과 같은 처지로서 자기들이 원하는 것을 잘 아는 시골 사람들"의 통치를 원한다는 사실에 충격을 받았다. 대중이 제작한 팸플릿에는 이렇게 적혀 있었다.

"기사와 신사들이 우리를 경계할 목적으로 법을 만들어 우리를 억압하기만 할 뿐 사람들의 아픔을 헤아리지 못한다면 결코 좋은 세상이 될 수 없다."[23]

지금도 끝나지 않은 갈등의 본질적인 면은 토머스 제퍼슨이 임기 말에 간략하게 아주 잘 표현했다. 그가 민주주의 실험의 가치와 결말을 심각하게 우려하고 있을 때다. 그는 "귀족정치주의자와 민주주의자"의 차이를 구분했다. 귀족정치주의자는 "사람들을 두려워하고 불신하기 때문에 그들로부터 모든 권력을 빼앗아 더 높은 계층의 손에 넘기고 싶어 한다." 반면에 민주주의자는 "사람들과 동질감을 느끼고 신뢰하며 비록 공익을 맡길 만큼 가장 현명하지는 않아도 정직하고 안전하다고 여기며 소중히 대한다."[24]

"무식하고 간섭하기 좋아하는 문외한들"이 정치 영역에 진입할 수 있어야 한다는 "민주주의의 맹신"에서 벗어나 "대중에게 그들이 하찮은 존재임을 알게" 하려고 애쓰는 근대의 진보적 지식인들은 제퍼슨이 말한 '귀족정치주의자'에 속한다. 기본적인 시각 자체에 대해서는 이들 사이에 이견이 별로 없다. 다만 주도적인 역할을 누가 해야 하는지에 대해서는 논란이 있다. 진보적인 '지식 사회'의 '기술 관료와 정책 지향적인 지식인'이 할 것이냐 금융인과 기업 경영인이 할 것이냐, 아니면 다른 맥락에서 중앙위원회나 헌법수호위원회의 성직자가 할 것이냐 등 의견이 분분하다. 모두 진정한 자유의지 전통이 무너뜨리고 아래로부터 재조직하고자 하는 '정치적 관리감독'의 사례인 것은 똑같다.

또한 진정한 자유의지 전통은 뿌리 깊은 자유의지 전통에 따라 산업 또한 '봉건적 질서에서' 노동자의 관리에 기초한 '민주적 질서'로 바꾸고자 하며, 타인에게 예속된 도구가 아니라 진정한 사람으로서 생산자의 존엄성을 존중하고자 한다. 그리고 마르크스의 늙은 두더지처럼 늘 땅속을 파헤치면서 적어도 내게는 공공선에 가깝다고 느껴지는 결과를 가져오려고 항시 기회를 엿본다(마르크스는 늙은 두더지가 땅 속에서 능숙하게 굴을 파고 다니다가 단숨에 땅 위에 나타나는 것을 혁명에 비유했다–옮긴이). 가끔은 예상치 못한 놀라운 방식으로 그렇게 하기도 한다.

What
Kind
of
Creatures
Are
We?

자연의 신비: 얼마나 깊이 숨겨져 있는 것일까?

04

이 장의 제목은 어떤 인물에 대한 흄의 논평에서 가져온 것이다. 흄이 "종을 빛내고 가르치기 위해 존재했던 가장 위대하고 진귀한 천재"라고 표현한 그 인물은 바로 아이작 뉴턴이다. 흄이 판단하기에 뉴턴의 가장 훌륭한 업적은 그가 "자연의 신비로움을 덮고 있던 베일의 일부를 걷어낸 것 같지만, 동시에 기계론적 세계관의 여러 가지 결함을 드러냈다는 사실이다." "그로 인해 [자연의] 궁극적인 비밀들이 다시금 알 수 없는 상태를 회복했으며, 자연의 비밀은 과거에도 알 수 없었고 앞으로도 쭉 신비한 상태로 남게 되었다"라는 것이다. 다른 근거를 들어 비슷한 결론에 도달한 이도 있다. 예컨대 로크는 운동이 여러 가지 영향력을 발휘한다고 주장했다. 그것은 "우리가 도저히 운동이 만들어낸다고 생각할 수 없는" 효과였는데, 뉴턴이 그것을 사실로 증명한 직후였다. 로크가 판단하기를 우리는 물질과 그 영향에 대해 여전히 "알고 싶어도 알 수가 없는" 상태라서 "물체에 관한 어떤 원리도 우리가 알 수 있는 것"이 없다. 그러니 "물체가 존재하고, 그렇게 작동하는 것은 우리의 약한 이해력으로는 전혀 상상도 할 수 없는, 전지적인 존재의 자의적인 결정"에 호소하는 수밖에 없다.[1]

나는 이런 결론과 그 이유, 그리고 그것이 가져온 여파는 물론이고 그런 역사가 오늘날 정신철학의 관심사나 의문들에 시사하는 바가 무엇인지 살펴볼 가치가 있다고 생각한다.

기계론적 세계관에서 정신의 근원을 둘러싼 논쟁

뉴턴이 무너뜨린 기계론적 세계관은 자연과 물체들 사이의 상호작용에 대한 우리의 상식적인 이해를 바탕으로 한다. 상식적인 이해는 대개 유전적으로 결정되어 있으며, 다음과 같은 성질을 반사적으로 인식하는 것으로 보인다. 물체는 시간과 공간을 초월하는 지속성과 그 당연한 귀결로 결속력과 연속성을 갖는다는 것이다.[2] 접촉을 통한 인과성도 있다고 보는데, 이것은 직관적 물리학의 기본적인 특징이다. "우리가 상상할 수 있는 한에서는, 물체는 물체와 부딪쳐 영향을 줄 수밖에 없으며, 우리의 생각이 최선을 다해 얻은 결론에 따르면 운동은 운동 외에 다른 것은 만들어내지 못한다." 로크는 세상에 대한 상식적인 이해, 즉 '발상'의 한계를 그의 관점에서 그럴듯하게 표현했다. 논리적으로 이에 상응하는 것이 바로 17세기 과학혁명에 활기를 불어넣었던 유물론적 세계관이다. 세상이 하나의 기계이며 아주 거대한 로봇에 지나지 않는다는 유물론적 세계관은 오늘날 컴퓨터 프로그램과 자못 유사한 방식으로 당대 사상가들의 상상력을 자극했다. 놀랍도록 정확한 시계는 물론이고 프랑스 발명가 자크 드 보캉송Jacque de Vaucanson 같은 장인들이 만든 작품은 또 어떤가. 자크 드 보캉송은 동물의 움직임과 소화력 같은 내부 기능을 모방해 수압으로 작동하는 기계를 만들었다. 이 기계는 왕실 공원을 산책하는 사람늘이 만지면 악기를 연수하고 몇 가지 단어도 발음했다. 기계론적 철학의 목표는 공감이나 반감, 그밖에 다른 초자연적인 생각처럼 허공에 떠다니는 형식을 지양하고, 철저하게 상식적인 이해력을 근거로, 상식적인 수준에서 이해할 수 있는 형태를 고수하는 것이었다. 잘 알려진 바와 같이 데카르트는 물질세계의 현상을 기계론적인 관점에서 설명했다. 그러나 한편으로 기계론적 철학이 모든 것을 포괄하지는 않으며, 특히 정신 영역을 다루지 못한다는 사실을 증명해 보였다. 이 또한 자기 자신과 우리를 둘러싼 세상을 바라보는 상식적인 이원론에 꼭 부합하는 내용이다.

　과학사가인 버나드 코헨I. Bernard Cohen은 《프린키피아Principia》와 《광학Opticks》에는 뉴턴이 대체로 데카르트의 기계론적 세계관을

163

지지했다는 증거가 아주 풍부하다"라고 주장한다.[3] 여기서 '대체로'
라는 단어가 중요하다. 뉴턴은 신플라톤주의와 연금술 전통의 영향
을 많이 받았지만 자신의 연구가 낳은 충격적인 결과에도 영향을 받
았다. 이런 이유로 그는 이따금 물질과 정신을 더 엄격하게 구분하는
데카르트적 이분법을 수정하여, 정신의 범주에 "화학 및 전기 작용의
'격렬한' 운동은 물론이고 어쩌면 보편적인 가속운동까지도 관장하
는 자연적인 요인"을 포함시키기도 했다. 역설적인 논리와 난제를 놓
고 씨름한 뉴턴의 고민이 어떻게 진화하는지를 면밀하게 분석한 과
학철학자 어난 맥멀린Ernan McMullin의 책에 나오는 내용이다. 뉴턴
이 한 말을 그대로 옮기면, "정신spirit"이 자연의 모든 움직임의 원인
이며, 여기에는 "우리가 생각하는 대로 몸을 움직이는 능력"과 "다른
살아 있는 생명체가 가진 똑같은 능력"도 포함된다. "[비록] 어떻게
이렇게 되고 어떤 법칙을 따르는지는 우리가 알지 못하지만, 그렇다
고 모든 자연이 살아 있지 않다고 말할 수는 없다."[4]

로크는 여기서 한 발 더 나아가, 자연이 생각을 하지 않는다고 말
할 수 없다고 덧붙였다. 세월을 거치며 '로크의 제안'으로 불리게 된
논고에서 그는 이렇게 썼다.

"신이 물질을 만들 때 사고하도록 만들지 않았는지는 사람이 알
수 있는 영역이 아니다. 내가 보기에는 최초의 사고하는 불멸의 존
재, 즉 전능한 영적 존재가 혹시라도 그러고 싶었다면, 잘 어울린다

고 생각해서 모아놓은 무감각한 물질의 어떤 구조에 어느 정도의 감각과 지각, 사고를 불어넣었을 것이라는 데 모순점이 없다."

뿐만 아니라 신이 우리가 상상할 수 없는 효과를 운동에 더한 것과 마찬가지로, "원하기만 하면 물질에 사고하는 능력을 하나 더 보탤 수도 있다고 생각하면, 그 물질에다가 사고하는 능력을 가진 또 하나의 실체를 추가했을 것이라는 생각도 우리의 이해력을 크게 벗어나는 건 아니다"라고 주장했다. 그렇다면 원래부터 생각하기가 본질인 또 다른 대상을 가정할 이유가 없다. 그리고 다른 글에서는, "[신이] 잘 어울린다고 생각해서 모아놓은 일부 물질에 정신이라고 불릴 만한, 생각하고 움직이는 능력을 줌으로써 생각하지 않는 물질과 대조를 이루게 했을 것이라는 데도 전혀 모순점이 없다"고 밝혔다. 로크는 이런 관점이 "무감각한 물질이라는 '개념'과 모순된다"라는 것을 발견하지만, 우리의 구제할 수 없는 무지와 생각(인지 능력)의 한계를 감안하면 거부할 수 없다고 인정한다. '물질'(신체 등등)에 관해 알 수 있는 개념이 없는 한, 우리는 살아 있거나 생각하는 물질의 존재 가능성을 무시할 수가 없다. 뉴턴이 상식적인 이해를 무너뜨린 이후에는 특히 그렇다.[5]

로크의 의견은 18세기 내내 꾸준히 논의되었으며, 영국의 철학자이자 과학자인 조지프 프리스틀리Joseph Priestley의 중요한 연구에서 정점을 이루었다. 이에 대해서는 나중에 다시 살펴보겠다. 흄은《인

4. 자연의 신비: 얼마나 깊이 숨겨져 있는 것일까?

성론》에서 "운동이 아마도 사고와 인식의 원인이며 실제로 그럴 것이다"라고 결론을 내렸다. "원인과 결과 사이의 어떤 연관성도 우리가 느낄 수 없으며, 원인과 결과가 꾸준히 결합되어 나타나는 것을 경험해야만 그 관계에 대해 조금이라도 알 수 있다"라는 일반적인 근거를 바탕으로 유형과 가분성 면에서 절대적인 차이가 있다고 주장하는 익숙한 논리들을 거부한 것이다. 이런저런 형태로, "생각은 뇌에서 만들어지기 때문에 이 기관이 없으면 생각이 존재할 수 없다"는 것을 인정하게 되면서, 지금은 생각하는 물질이라는 논지에 의문을 제기할 이유가 없어졌다. "위와 장기들이 소화 작용을 위해 설계되고, 간은 담즙을 걸러내려고 설계되는" 등 다른 모든 신체 기관과 마찬가지로 "뇌는 특별히 [생각]을 만들어내기 위해 설계된 특별한 기관이라고 생각할 필요가 있다." 음식물이 위로 들어가서 나올 때는,

새로운 성질을 갖는 것처럼, [그렇게] 인상도 신경을 통해 뇌로 들어간 다음엔 일관성 없이 뿔뿔이 흩어진다. 그러다 뇌가 작동을 시작하여 흩어진 인상을 금세 여러 가지 생각으로 바꾸어 다시 내보낸다. 그것이 얼굴 표정과 몸짓으로 표현되거나 말과 글을 통해 겉으로 나타나는 것이다. 그렇다면 우리는 똑같은 확신을 갖고, 말하자면 뇌가 여러 가지 인상을 소화시키고, 그러니까 유기적으로 생각을 분비하는 것이라고 결론 내린다.[6]

다윈이 간결하게 표현했듯이 "사고가 뇌의 분비물에 불과하다면 물질의 한 속성인 중력보다 놀라운 이유가 무엇인가?"[7]

뉴턴은 조건 없이 대체로 기계론적 철학을 고수하면서도 그 '결함'을 밝혀내고, 사실상 무너뜨리기까지 했다. 그럼에도 원거리 작용의 신비한 원리를 설명할 방법을 찾으려고 죽을 때까지 노력했다. 그것을 근거로 자연의 가장 근본적인 현상을 설명하고 싶어 했기 때문이다. 아마도 그는 "모든 물체에 구석구석 스며들어 눈에 보이지 않는 아주 미묘한 정신"이 있을지 모른다고 생각했던 것 같다. 그러면 어쨌거나 만유인력과 결속력을 물리적으로 설명하고 세상이라는 큰 그림을 이해할 수 있을 것이라는 희망도 회복하게 된다.[8]

"종을 빛내고 가르치기 위해 존재했던 가장 위대하고 진귀한 천재"는 물론이고 갈릴레오와 데카르트, 로크와 흄의 고민을 가볍게 지나쳐서는 안 된다. 뉴턴이 가장 존경했던 동료 과학자들의 고민도 마찬가지다. 기계론적 세계관과 그것이 실질적인 이론으로서의 가치를 잃게 된 과정을 살펴본 E. J. 데익스터휴이스Dijksterhuis의 유명한 연구에 따르면 당대 동료 과학자들은 "[뉴턴에 대해] 지금껏 과학이 용케 피해온 잘못된 길로 다시 돌아가게 만들었다고 노골적으로 비난했다." 호이겐스는 만유인력의 법칙이 "터무니없는 것"이라고 표현했다. 라이프니츠는 뉴턴이 과거에 많은 비웃음을 받았던 스콜라 학문의 공감과 반감에 버금가는 초자연적인 발상을 다시 도입함으로써

물질세계의 현상을 전혀 '물리적'이지 않은 방식으로 설명하고 있다고 주장했다.[9]

뉴턴은 동료 과학자들의 의견에 대체로 동의했다. 그 또한 원거리 작용이라는 개념을 "상상도 할 수 없다"라고 썼다. "너무나 터무니없는 것이라 철학적인 문제에 능숙한 사고 능력을 지닌 사람이라면 아예 그런 생각조차 할 수가 없다"는 것이다.[10] 이런 이유로 우리는 물질세계의 현상을 이해하지 못한다고 인정한다. 어난 맥멀린이 밝힌 것처럼, "뉴턴에게 '이해한다'는 의미는 그를 비판한 동시대인과 마찬가지로 '접촉 작용이라는 기계론적 의미에서의 이해'를 뜻했다."[11]

비슷한 사례를 들자면, 당시 원거리 작용이라는 터무니없는 개념은 오늘날 "정신 상태가 곧 뇌의 상태"라는 개념만큼이나 상상이 안 되는 것이다. "[왜냐하면] 우리는 아직 물질에서 '어떻게' 의식이 생겨나는지를 구체적으로 마음속에 그릴 수가 없기 때문에 우리가 그렇다고 확신을 하더라도 정말로 이해하는 것은 아니다"라고 생각한다.[12] 이와 마찬가지로 뉴턴은 자연의 가장 기본적인 현상들이 어떻게 물질에서 일어나는지를 도저히 상상할 수가 없었다. 그의 물질 개념이 상식적인 이해력을 바탕으로 한 이론적 자연관임을 감안하면, 자연 현상은 물질에서 일어나는 것이 아니었다. 로크와 다른 이들도 같은 생각이었다. 흄은 이렇듯 상상도 할 수 없다는 의미를 한참 발전시켜, 뉴턴이 이 같은 자연의 궁극적인 비밀을 "다시금 알 수 없는 상태"로 돌려놓았으며, "자연의 비밀은 과거에도 알 수 없었고 앞으로도 쭉 신비한 상태로 남게 되었다"라는 결론에 이르렀다.

우리는 이런 태도가 인간의 인지 능력의 한계를 가정하는 것이라고 자연스럽게 해석할 수 있다. 역사에 비춰보면, 정신을 뇌에 연결시키는 것이 상상이 안 된다는 점이나, 다른 모든 상상 가능성에 대해 별로 걱정할 필요가 없어 보인다. 적어도 자연의 본질을 탐구하는 데 있어서는 그런 것 같다. '물리적인 것'과 의식 사이에 존재하는 '설명할 수 없는 간극'에 대해서도 세상을 이해하려고 노력할 때 두루 발생하는 통합과 관련된 문제라는 것 이상의 가책을 느낄 이유가 전혀 없나. 그 '물리직인 것'이 포스드 뉴던적인 새로운 의미를 갖지 않는 이상, 환원의 근거 개념이 명확하지가 않은 것이니 '설명할 수 없는 간극'에 대한 가책은 더 줄어든다. 이런 고민의 가장 극단적인 형태이면서 어쩌면 그 이후의 과학 발달에 가장 중요한 영향을 미친 것이 바로 뉴턴이 발견한 '설명할 수 없는 간극'일 것이다. 여전히 해결되지 않은 이 간극은 흄이 예견한 것과 같이 인간의 영원한 미스터리로 남을 가능성이 있다.[13]

"물질 작용의 원리 설명은 그 자체로 큰 철학적 발전"

육체(물질적·물리적 등)의 개념이 무너졌다고 해서 과학이 끝난 것은

4. 자연의 신비: 얼마나 깊이 숨겨져 있는 것일까?

물론 아니다. 오히려 완전히 새로운 방식으로 재구성되었다. 상상 가능성과 이해 가능성에 관한 문제는 그것이 인간의 인지 능력을 증명하는 것 외에 아무 의미가 없다고 무시하는 것이다. 물론 이런 결론이 굳건히 자리를 잡기까지는 오랜 시간이 걸렸다. 뒤로 갈수록 과학의 무대에는 '터무니없는 것'이 더 많이 올라왔다. 그것이 타당한지 여부는 그런 세계관을 상상할 수 있느냐, 이해할 수 있느냐가 아니라 설명의 깊이와 실증적 근거를 기준으로 결정이 된다.

토머스 쿤Thomas Kuhn은 "뉴턴이 데카르트처럼 진정한 과학으로서의 '철학 원리'에 대해 쓰고 싶어 했으나 중력을 설명할 수 없다는 한계 때문에 '자연 철학의 수학적 원리'로 주제를 한정할 수밖에 없었다"라며 "우주가 왜 그렇게 작동하는지에 대해서는" 알 수 없는 상태로 남겨둔 채 "설명하는 척조차 하지 않았다고 주장하는 것이 과학자로서 뉴턴이 가졌던 여러 가지 목적을 잘못 전달하는 것은 아니라고 생각한다"고 말한다. 이런 이유로 "영국의 대학에서조차 뉴턴의 물리학이 데카르트 물리학을 확실히 대체하기까지 40년이 걸렸다." 게다가 18세기에 가장 유능했던 물리학자 중에도 계속해서 미립자를 활용해 기계론적으로 중력을 설명하고자 하는 사람이 있었다. 그들은 그렇게 하는 것이 물리학적 설명이라고 여겼다. 뉴턴도 마찬가지였다. 훗날 실증주의자들은 이런 논쟁에 대해 "[물리 이론의] 수학적 형식주의에 물리적 해석이라는 '요상한 옷'을 덮어씌우는 어리석

음"이라며 전면적으로 비판했다. 실질적인 의미가 전혀 없다는 말이었다.[14]

"나는 어떤 가설도 세우지 않는다"라는 뉴턴의 유명한 말은 이런 맥락에서 등장한다. 중력의 '물리적' 원인을 찾지 못했음을 인정하고 문제의 답을 열어둔 것이다. 그리고 이렇게 덧붙인다.

"우리에게는 중력이 정말로 존재하며, 우리가 설명한 법칙에 따라 작용하여 천체와 바다의 움직임을 분명하게 설명해 주는 것만으로도 충분하다."

뉴턴은 자신의 주장이 너무나 터무니없어서 진지한 과학자라면 누구도 그것을 받아들일 수 없다는 데 동의하면서도, 그가 아리스토텔레스의 신비주의로 역행하고 있다는 지적에 대해서는 반박했다. 그는 자신의 법칙들이 초자연적인 것이 아니라 "그 원인들이 초자연적인 것일 뿐"이라고 주장했다. 그리고 그 원인이 어쩌면 기계적인 물리학의 관점에서 아직 발견되지 못한 것일지 모른다고 희망을 가졌다. 그는 이어서 여러 가지 현상으로부터 귀납적으로 보편적 원리를 도출하고, "모든 물질적인 것이 어떻게 그런 뚜렷한 원리에 따라 작용하는지를 설명하는 것은, 비록 그 원리의 이유는 아직 알아내지 못했다고 하더라도 철학적으로 아주 대단한 발전에 해당된다"라고 말했다.[15]

이 말을 앞서 언급했던 오늘날의 비슷한 사례와 관련지어 다시 표현해 보면, "세상이 지닌 정신적인 측면을 뚜렷한 원리로 설명하는 것은 비록 그 원리의 원인을 알아내지 못했더라도 과학적으로 아주 대단한 발전에 해당된다." 아니면 비록 과학의 다른 측면과는 통합을 이루지 못했더라도 문제를 좀 더 적절한 방식으로 정리하는 것도 아주 대단한 발전일 것이다. 세상의 정신적 측면이나 아니면 화학, 혹은 전기와 관련된 측면 등에 대해 더 많은 것을 알기 위해서는 그것을 부분적으로라도 설명해 주는 '뚜렷한 원리'를 발견하려고 노력해야 한다. 비록 그 원인에 대해서는 우리가 알고 있는 과학의 아주 기초적인 면으로도 설명할 수가 없더라도 말이다. 그렇게 설명할 수 없는 간극이 남아 있는 이유는 여러 가지가 있을 것인데, 계속 드러나고 있는 사실이지만, 핵심 물리학을 포함해 우리가 당연하게 여기는 환원의 근거 자체를 잘못 이해하고 있다는 것도 그 이유에 속한다.

과학사가들은 뉴턴의 과감하지 못한 지적 행보가 오히려 과학의 새로운 관점을 제시했다고 평가해 왔다. 궁극적인 설명을 추구하지 않고 경험이나 실험에 따른 현상을 이론적으로 가장 훌륭하게 설명하는 방법을 찾아내는 데 목적을 두는 관점이다. 뉴턴의 이런 제한적인 목표가 완전히 새로운 것은 아니었다. 그 뿌리는 "자연적인 움직임"과 다른 자연 현상을 일으킨 "최초의 원동력"을 찾으려고 하지 않고 우리가 할 수 있는 최선의 이론적 설명을 전개하는 정도의 좀 더 신중한 노력으로 만족했던 초기 과학 전통에서부터 온 것이다. 리처드 팝킨Richard Popkin(1923~2005, 미국의 역사철학자-옮긴이)은 이것을 "[마렝Marin] 메르센Mersenne과 [피에르Pierre] 가상디Gassendi가 자세히 … 정리하고 …", 훗날 흄이 "절제된 회의주의"라고 표현했던 "건설적 회의주의"라고 부른다. 팝킨은 이 같은 개념에 대해 "우리가 아는 지식의 근거를 우리가 과연 찾아낼 수 있을지를 의심하면서도 지식 자체는 받아들이고 늘려나감으로써", 그리고 "자연과 사물 그 자체의 비밀은 영원히 우리에게서 꼭꼭 숨어 있다"라는 것을 인정함으로써 과학이 발전하는 것이라고 덧붙인다. 여기서 과학은 "비교적 최근에 위대한 역사를 누리게 된 … 형이상학을 배제한 과학"을 말한다.[16]

뉴턴의 발견이 지닌 의미가 서서히 받아들여지면서 과학 탐구의 목표를 낮추는 것 또한 통상적인 관례로 자리를 잡았다. 과학자들은 초기 과학혁명 당시의 고무적인 발상, 즉 우리가 세상을 이해할 수 있으리라는 생각을 버렸다. 이해할 수 있게 설명하는 이론을 구축하는 것으로 충분하다는 것은 획기적인 변화다. 급기야 버트런드 러셀은 《물질 분석Analysis of Matter》에서 세상을 이해할 수 있다는 생각 자체가 "터무니없다"고 일축한다. 그런 노력이 터무니없는 것임을 강조하려고 일부러 '이해할 수 있는intelligible'이라는 단어를 거듭 사용한다. 그리고 원거리 작용에 대한 거리낌은 "편견에 지나지 않는다"라고 쓰고 있다. "만약에 온 세상이 당구공으로 이뤄졌다면 그것이

173

이른바 '이해할 수 있는' 것이리라. 그러니 우리가 세상을 이해하지 못한다는 사실을 깨닫게 만들어도 결코 놀랄 일이 아니다."[17] 그러나 우리는 외적인 놀라움이 없다고 해도 우리가 세상을 얼마나 조금밖에 이해하지 못하는지 인정해야 하며, 세상이 작동하는 방식을 이해할 수 있는지 여부는 중요하지 않다는 것 또한 알아야 한다. 그로부터 불과 몇 년 뒤에 폴 디락Paul Dirac(1902~1984, 영국의 이론물리학자-옮긴이)은 양자역학에 관한 그의 대표적인 입문서에서 이제 물리학은 더 이상 세상이 어떻게 작동하는지에 관한 그림을 제시하려고 하지 않는다고 썼다. 이 말은 물리학이 "기본적으로 고전적인 전통을 따르는 모형"을 제시하는 것이 아니라, "자기일관성이 뚜렷한 근본적인 법칙들을 들여다보는 방식"을 제공하는 데 전념한다는 이야기다. 이해하기 힘든 양자물리학의 결론을 가리키며 하는 말이었다. 하지만 고전적인 뉴턴 모형조차도 자연 현상을 쉽게 이해할 수 있다는 희망을 포기하고, 초기 근대 과학혁명의 목표인 상식적인 이해를 뿌리로 삼았다.[18]

기계론적 철학과 인간 인지 능력의 '미스터리'

기계론적 철학은 물론이고 과학과 관련된 우리의 상식적인 믿음과 개념까지 다 포기하고 단지 의문을 제기하는 출발점이나 원동력으로만 사용하는 것이 얼마나 획기적인 변화였는지를 짚고 넘어갈 필요가 있다. 갈릴레오 연구차인 피터 매셔머Peter Machamer는 갈릴레오가 기계론적 철학을 받아들이고 근대 과학혁명을 일으킴으로써, 세상이 하나의 정교한 기계라는 생각을 바탕으로 "자연 현상을 일관되게 설명하는 기준과 더불어 인간의 이해력을 감안한 새로운 이해 가능성 모형을 만들었다"라고 주장한다. 갈릴레오를 비롯한 초기 근대 과학혁명 당시의 주요 인물에게 진정한 이해라고 하면 이렇듯 기계적 모형으로 설명하는 것이 일반적이었다. 그것을 장인이 실물로 만들 수 있으면 우리도 이해할 수 있게 되는 것이다. 그 결과 갈릴레오는 조류潮流에 관한 전통적인 이론을 인정하지 않았다. "저절한 인공 장치를 사용해 재현"할 수가 없기 때문이다.[19]

갈릴레오 때부터 뉴턴 이후까지도 지배적이었던 이런 이해가능성 모형에는 필연적인 결과가 뒤따른다. 기계 장치를 만들지 못하면 이해도 못 하는 것이다. 기계론적 설명이 응집력과 인력, 그밖에 다른 현상에 적합하지 않다는 사실이 뚜렷해지자 갈릴레오는 결국 "모든 것을 이해한다는 헛된 가정"을 부정하기에 이르렀다. 더 나아가 "자연에는 단순한 현상 하나도 … 가장 기발한 이론가가 완벽하게 이해할 수 있는 그런 것이 없다"고 했다.[20] 갈릴레오의 이 같은 말은 대니얼 스톨자Daniel Stoljar(호주국립대 철학과 교수-옮긴이)가 '무지 가설igno-rance hypothesis'이라고 부르는 것의 아주 강력한 버전이라고 할 수

175

있다. 스톨자는 의식과 관련된 철학적 문제에 관한 최근의 연구들을 꼼꼼히 살펴본 책에서 그런 문제들이 인식에서 비롯되는 것이며, 무지 가설을 근거로 효과적으로 극복할 수 있다고 주장한다. 갈릴레오와 뉴턴, 로크, 흄 등에게 무지 가설은 단지 하나의 가설이 아니었다. 의식의 문제를 뛰어넘어 자연에 관한 여러 가지 진실을 꽤 넓게 포괄하는 내용이었다.[21]

데카르트는 기계론적 설명을 갈릴레오보다는 훨씬 긍정적으로 보았지만, 그 역시 우리의 인지적 한계를 인정했다.《정신 지도의 규칙 Regulae ad Directionem Ingenii》에는 8번째 규칙이 이렇게 적혀 있다.

"연구해야 할 일련의 대상이 있다고 할 때 우리의 지적 능력으로 충분한 직감을 얻을 수 없는 것에 이르면 우리는 거기서 멈추어야 한다. 그것을 뒤따르는 대상까지 연구하는 헛수고를 삼가야 한다."

특히 데카르트는 '사유하는 것res cogitans'의 작동 원리를 인간의 이해력으로는 알 수 없다고 추정했다. 그는 우리가 정신의 작동 원리를 이해할 만큼 "충분한 지적 능력을 갖지" 못한다고 생각했다. 그러면서 정신이 작동하는 핵심 사례로 일상적인 언어 사용의 창조적인 면을 들었다. 언어는 짐승과 기계에는 없지만 모든 인간이 갖고 있는 능력이며, 상황에 맞게 언어를 적절히 사용하더라도 상황이 그렇게 만드는 것은 아니다. 또한 생각을 조리 있게 무한정 만들어내고 표현할 수 있으며, 아마도 내적·외적 상황에 따라 어떤 식으로 말해야겠다고 "자극을 받거나 고무될" 수는 있지만 그렇게 "강요당하는" 것은 아니라고 그의 추종자들은 말한다.[22]

그러나 데카르트는 정상적인 언어 사용을 비롯해 우리가 자유롭게 논리적으로 선택해서 하는 행위들에 대해 우리의 인지 능력으로 설명할 수 없더라도 그 경험이 갖는 진정성을 의심할 이유는 없다고 주장했다. 그는 아주 일반적으로, "자유의지"가 우리가 가진 "가장 고귀한 것"이라고 믿었다. "우리가 그보다 더 뚜렷하고 정확하게 이해하는 것은 없다"라는 이유에서다. 따라서 "우리가 직접적으로 이해하고 우리 안에서 경험하는" 것("인간의 자유 행위는 미리 결정되어 있지 않다는 것")이 단지 "우리가 그 본질을 알 수 없는" 다른 무언가("신에 의한 예정")와 충돌한다는 이유로 의심하는 것은 "터무니없을 것이다."[23]

인지적 한계에 관한 이런 생각은 데카르트가 이따금 한 말과 꼭 일치하지는 않는다. 그는 인간의 이성이 "모든 만일의 사태에 적용될 수 있는 보편적인 도구"인 반면에 동물의 기관이나 기계가 "어떤 특정한 행동을 하기 위해서는 특별한 개조가 필요하다"라고 주장했다. 하지만 그런 문제는 잠시 제쳐두고 인지적 한계에 관한 좀 더 합리적인 결론을 따라 가보자.

창의적인 언어 사용은 정신-육체 이원론에 대한 이른바 '인식론적 주장epistemological argument'의 근거였다. 뿐만 아니라 데카르트 추종자들이 '다른 정신other minds'이라는 문제를 과학적으로 탐구하

177

는 근거이기도 했다. 이것이 앨런 튜링의 유명한 논문을 잘못 이해한 내용을 근거로 한 오늘날의 비슷한 연구들보다 훨씬 합리적이라고 생각하지만, 이는 논외로 하겠다.[24]

나는 데스몬드 클라크Desmond Clark(1942~2016, 아일랜드의 철학자-옮긴이)의 다음과 같은 결론이 정확하다고 생각한다.

"데카르트는 언어 사용을 동물계에서 인간을 다른 동물과 구분시키는 결정적인 속성으로 규정했다. 그리고 이런 주장을 정신과 물질의 실질적인 차이를 뒷받침하는 근거로 발전시켰다."

데카르트의 연구가 대체로 "자연 철학"(과학)이며, 기계론적 설명의 한계를 시험하려는 시도라고 한 해석도 설득력이 있다고 생각한다. 《제1 철학에 관한 성찰Meditationes de prima philosophia》이 "데카르트 철학을 권위 있게 표현한 책이 아니라 신학적으로 의심스러운 자연 철학을 스콜라철학의 형이상학이라는 정통 표현 방식과 결합하려다 실패한 시도"로 간주한 것도 마찬가지다.[25] 자연과학을 추구했던 데카르트는 기계론적 설명이 아주 폭넓게 적용된다는 것을 보여주려고 노력했다. 그러나 창의적인 언어 사용같이 정신과 관련된 현상 앞에서 넘을 수 없는 장벽에 부딪치고 말았다. 그는 아주 적절하게도 그런 정신 현상을 설명해줄 무언가 새로운 원리를 탐구하는 표준화된 과학적 절차를 따랐다. 그러나 기계론적 설명이 아무 소용없는 것으로 드러나자 기본적인 탐구 동기가 사라졌다.

클라크는 "데카르트의 이원론이 우리가 1인칭 시점에서 자기 생각을 나타내는 정신적 삶에 대해 [데카르트 물리학]으로 설명하지 못하는 이론적 간극이 어느 정도인지 보여주는 표현이었다"라고 주장한다. 따라서 그 간극은 데카르트의 "궁색한 물질 개념"에서 비롯되는 것이며, "그 물질 개념에 새로운 이론적 실체를 포함시킴으로써" 극복할 수 있다는 것이다.[26] 두 번째 주장은 옳고 그름에 관계없이 갈릴레오에서부터 뉴턴과 그 이후까지의 고전 과학이 지닌 결함을 제대로 파악하지 못하고 하는 말이다. 상상 가능성과 이해 가능성, 그리고 상식적인 이해를 바탕으로 한 물질과 운동의 근본적인 개념을 모두 버리고, 운동이라는 가장 단순한 현상은 물론이고 정신적 삶을 포함한 세상의 다른 모든 면을 탐구하는 데 전혀 새로운 과정을 밟아나가야 했다.

창의적인 언어 사용은 데카르트 학문에서 중요한 역할을 했음에도 의지에 관한 보편적인 문제와 적절한 행위 선택의 구체적인 사례로만 쓰였다. 그리고 17세기 과학자들에게 그랬던 것처럼 지금도 여전히 미스터리로 남아 있다. 그렇지 않다고 주장하는 세련된 주장들이 있지만, 나는 그렇게 생각한다. 이런 문제는 과학적인 주제에 포함되는 일조차 거의 없다. 하나의 유기체가 통합적인 움직임에 관한 계획을 어떻게 실행하는지를 살펴본 아주 중요한 연구는 있다. 예컨대 어떤 사람이 탁자 위에 놓인 컵에 손을 뻗는 행동 같은 것이다. 그러나 아주 단순한 유기체를 대상으로 하거나 특별한 환경에서 행동을 유도하는 실험을 제외하면, 왜 다른 계획이 아닌 이 계획이 실행되는지에 대해서는 아무도 의문을 제기하지 않는다.

이런 사정은 시지각visual perception도 크게 다르지 않다. 인지신경학자 낸시 캔위셔Nancy Kanwisher(미국 MIT 뇌인지과학과 교수 – 옮긴이)와 폴 다우닝Paul Downing(영국 뱅거대학교 심리학과 교수 – 옮긴이)은 독일의 물리학자 헤르만 폰 헬름홀츠Hermann von Helmholtz가 1850년에 제기한 문제, 즉 "우리는 눈을 움직이지 않고도 마음대로 다른 물체에 관심을 집중시킬 수 있기 때문에 동일한 시각적 배경에서도 아주 다른 지각 경험으로 이어진다"라는 것에 관한 연구들을 검토했다. 여기서 '마음대로'라는 구절은 진지한 실증적 탐구 대상이 될 수 없는 영역을 가리킨다. 그것은 뉴턴에게도 죽을 때까지 미스터리였다. 그는 모든 물체에 숨어 있으면서, 물체의 끌어당기고 밀어내는 속성은 물론이고 빛의 성격과 효과, 감각, 그리고 "동물이 의지에 따라 움직이는" 방식까지도 "터무니없지" 않게 설명해줄 어떤 "미묘한 정신"을 찾고자 끊임없이 노력했다. 뉴턴에게 하나같이 미스터리였던 이 모든 것이 어쩌면 지금 우리의 이해력으로도 알 수 없는 것인지 모른다.[27]

촘스키, 인간이란 어떤 존재인가

최근 몇 년 사이 의식에 관한 문제는 '어려운 문제'이며, 나머지는 당장, 혹은 가까운 장래에 이해할 수 있다고 표현하는 것이 일반적인 관행으로 자리를 잡았다. 나는 약간의 회의주의는 그만한 이유가 있다고 생각한다. 자연의 가장 단순한 체계만 넘어서도 우리의 이해력이 급격히 떨어지는 것을 보면 특히 그렇다. 몇 가지 구체적인 예를 들어 설명하자면, "뇌와 정신 연구를 가로막는 과학적 장벽을 무너뜨리기" 위한 노력이 현재 어느 상태인지를 고찰한 논문에서 에릭 캔들Eric Kandel(2000년에 노벨생리의학상을 수상한 신경과학자 – 옮긴이)과 래리 스콰이어Larry Squire(미국 캘리포니아내학교 징신의학과 교수 – 옮긴이)는 "고등 인지 과정을 연구하는 신경과학이 겨우 시작 단계"라고 판단한다.[28] 찰스 갤리스텔Charles Gallistel(미국 러트거스뉴저지주립대학교 심리학과 교수–옮긴이)은 "우리는 신경 체계의 연산이 어떻게 이뤄지는지 명확히 이해하지 못한다"라며 심지어 "연산 능력의 기초"나 "어떤 연산에든 꼭 필요한 간단한 산술 및 논리적 계산"에 대해서도 명확하게 알지 못한다고 지적한다. 곤충의 놀라운 연산 능력을 검토한 그는 "신경계가 어떻게 연산을 하는지 우리는 세포나 분자 수준에서 이해하지 못하며 … 신경계의 기본적인 명령 체계에 어떤 절차가 포함되는지 알지 못한다"라고 말한다. 그러나 "어느 연산장치에나 있는 하드웨어에 내장된 얼마 안 되는 기초 연산조차 모른다는 사실" 때문에 신경계가 복잡하고 상징적인 연산을 처리하지 못한다고 추정하는 것은 잘못이라고 결론 내린다.[29] 세미르 제키Semir Zeki(영국 유니버시티칼리지런던대학교 신경미학과 교수 - 옮긴이)는 뇌과학이 시각 예술의 창의성에도 영향을 미칠 수 있다는 전망을 긍정적으로 보면서도 "뇌가 개별 세포의 반응을 어떻게 결합시켜 하나의 수직선을 나타내는지조차 아직 신경학이 풀지 못한 미스터리로 남아 있으며" 심지어 하나의 선이 다른 선이나 시각적 배경과 어떻게 구별되는지도 알지 못한다고 일깨워준다. 이렇듯 기본적이고 오래된 문제들이 연구 주제에도 포함되지 않으며 충분히 알아낼 것 같은 단순한 문제조차 여전히 이해할 수 없는 상태로 남아 있다.[30]

흔히 "정신적인 것은 고차원의 신경생리학이다"라고 주장한다. '신경생리학'이 무엇을 증명해낼지 확신이 별로 없는 현재로서는 탐구를 위한 하나의 정보로서 이런 생각을 품는 것이 이해가 된다. 같은 맥락에서, "의식 상태가 뉴런의 활동에 따른 필연적인 결과임이 경험상 명백하다"라고 믿는 것은 시기상조다. 뇌의 작용에 대해 우리가 아는 것이 너무 미미하기 때문이다.[31]

역사도 주의를 당부한다. 근대 과학 초기에는 운동의 본질을 이해하는 것이 '어려운 문제'였다. 윌리엄 페티 경Sir William Petty(1623~1687, 영국의 경제학자·과학자·철학자 - 옮긴이)은 뉴턴이 훨씬 풍성하게 발전시킨 개념들과 비슷한 생각을 제안하며 "도약이나 탄력 운

촘스키, 인간이란 어떤 존재인가

동"이 "철학에서는 꽤 까다로운 문제"라고 언급했다. 그 '어려운 문제'는 우리가 느끼기에는 가만히 있는 것처럼 보이는 물체들이 사실은 '격렬한' 상태에 있다는 것이었다. 아일랜드 과학자 로버트 보일Robert Boyle의 말을 빌리면 "서로 멀어지거나 물러나기 위해 강하게 노력"하는 상태다. 페티 경은 그 문제가 중력의 "원인과 성격"만큼이나 이해하기 힘든 것이며, 그리하여 "사물을 창조하거나 처리하는 지적인 존재"에 대한 그의 믿음을 뒷받침한다고 생각했다. 회의적인 뉴턴주의자였던 볼테르조차 아무것도 없던 곳에서 "움직임을 만들어내는" 인간의 능력은 물질에 "움직임을 허락한 신이 있음"을 보여주는 것이라고 주장했다. 그리고 "우리는 물질이 무엇인시를 이해하는 것과는 너무 거리가 멀어서" 심지어 "우주에 과연 단단한 물질"이 있는지 여부도 알지 못한다고 주장했다. 로크는 "어떻게 해도 나로서는 상상이 안 되는 물질과 물질 사이의 인력"을 신의 손에 맡겼다.

칸트는 '어려운 문제'를 다르게 표현했다. 그는 자신의 결론에 이르기 위해, 뉴턴이 말은 안 했지만 "모든 물질이 물질 자체의 본질적인 속성에 따라 [만유인력의] 원동력을 발휘한다고 가정"할 수밖에 없었다고 주장한다. 그리고 이 가정을 거부함으로써 "자기가 한 말에 모순이 되는" 자가당착에 빠지고 만다. 따라서 뉴턴은 칸트가 보여준 바와 같이 정말로 "그런 인력의 가능성에 대해 물리학자들이 각자의 여러 가설을 그가 남긴 명제와 뒤섞을 필요 없이 자기들 좋을 대로

4. 자연의 신비: 얼마나 깊이 숨겨져 있는 것일까?

설명할 수 있는 완전한 자유"를 준 것은 아니었다. 오히려 "물질의 개념이 단지 움직이는 힘에 불과한 것으로 축소되고 … 모든 물질이 본질적으로 갖고 있는 인력이란 한 물질이 빈 공간을 사이에 둔 또 다른 물질에 가하는 직접적인 작용이다"라는 칸트의 개념은 17세기 과학을 대표하는 인물, 로크의 말을 빌리자면, "위대한 호이겐스와, 그 누구와도 비교할 수 없는 뉴턴 선생 같은 대가들"이 아주 싫어했을 만한 내용이다.[32]

그 시절의 '어려운 문제들'은 풀리지 않았다. 대신에 외면을 당했다. 과학이 점차 더 신중한 포스트 뉴턴적인 방식으로 전환하면서 그렇게 되었다. 프리드리히 랑게Friedrich Lange(1828~1875, 독일 철학자로서 유물론을 극복하려고 했다 - 옮긴이)는 19세기 유물론의 역사를 다룬 대표적인 저서에서 이렇게 말했다.

힘이라는 추상적인 개념이나, 추상적인 개념과 구체적인 이해 사이의 신비롭고 애매한 개념에 너무나 익숙한 나머지 우리는 더 이상 물질을 이루는 하나의 미립자가 직접 접촉하지 않고도 … 어떤 물질적 연결고리도 없는 빈 공간을 통해 다른 미립자에 영향을 미친다고 설명하는 데 전혀 어려움을 느끼지 않는다. 그러나 17세기의 위대한 수학자나 물리학자들은 이런 생각과 동떨어져 있었다. 그들은 모두 고대 유물론적 관점을 지닌 순수한 유물론자였기 때문에 직접적인 접촉이 있어야만 영향을 미칠 수 있다고 생각했다.

이렇게 서서히 일어난 변화는 유물론의 많은 의미를 앗아갔다는 점에서 "유물론 전체 역사에서도 가장 중요한 전환점 중 하나다." 뉴턴은 당대의 위대한 과학자들과 같이 "원격 작용이라는 오늘날 지배적인 이론을 … 터무니없는 것으로" 간주했다. "뿐만 아니라 1717년 《광학》의 재판再版 서문을 보면, 알 수 없는 미립자들의 충돌이라는 기계론적 추가 설명"을 요구하지 않은 채 "중력이 물질의 근본적인 힘이라고 주장할 정도로 너무 멀리 나아간" 그의 추종자들의 "시각에 분명히 이의를 제기해야 한다는 의무감을 느끼고 있었다." 랑게는 "역사의 흐름이 [뉴턴을 아주 괴롭혔던] 이런 알 수 없는 물질적 원인을 밀어내고, 수학적 법칙 자체가 물리적 원인을 대신하게 만들었다"라고 결론을 내렸다. 그 결과 "뉴턴이 너무나 터무니없어서 철학적 사고를 하는 사람은 절대 밝혀낼 수 없다고 했던 문제가 후대에 와서는 우주의 조화에 관한 뉴턴의 놀라운 발견이라는 칭송을 받게 된다."[33]

이런 결말이 과학의 역사에서는 자주 일어난다. 50년 전에 알렉상드르 쿠아레Alexandre Koyré(1892~1964, 프랑스의 과학철학자 – 옮긴이)는 뉴턴이 이런 결말을 받아들이고 싶지 않았음에도 "자연을 순전히 유물론적인 패턴으로 이해하는 것은 절대적으로 불가능하다 (그리고 루크

4. 자연의 신비: 얼마나 깊이 숨겨져 있는 것일까?

레티우스(Lucretius, 로마 시인이자 유물론 철학자 – 옮긴이)나 데카르트가 주장하는 것과 같은 식의 순수 유물론이나 기계론적인 물리학도 절대적으로 불가능하다)"라는 것을 뉴턴이 증명했다고 말했다. 그래서 뉴턴의 수리물리학은 '경험주의', 즉 관찰 결과와 그 관찰 결과에서 도출된 결론으로는 "이해할 수 없고 설명도 할 수 없는 '사실'로 이루어진 과학으로의 진입"을 요구했다는 것이다.[34]

조지 코인George Coyne(1933~, 예수회 신부이자 천문학자 – 옮긴이)은 "17, 18세기에 유물론이 하나의 철학으로서 부상한 이유가 근대 과학의 탄생과 관련이 있다는 건 역설적"이라고 표현한다. 기계론적 철학의 붕괴와 더불어 "현실적으로 사용할 수 있는 물질이라는 개념이 과학적 담론에서 사라져 버렸기 때문"이다.[35] 또 한 가지 역설적인 사실은 길버트 라일Gilbert Ryle의 "기계 속 유령"이라는 조롱이 데카르트의 개념을 정확하게 해석한 것과는 거리가 먼데도 영향력을 갖는다는 점이다. 뉴턴은 기계를 몰아냈을 뿐 유령은 고스란히 남겨두었다. 그렇게 해서 유물론자들의 '어려운 문제'는 사라졌다. 그리고, 데카르트, 뉴턴, 로크, 그리고 다른 주요 인물에게도 미스터리이긴 마찬가지였던 다른 '어려운 문제'를 처리하는 데 지금껏 눈에 띌 만한 진전은 거의 없었다.

랑기가 유물론의 역사를 아주 폭넓게 다룬 책의 세 번째 영문판이 1925년에 나왔는데, 그 서문을 버트런드 러셀이 썼다.《물질 분석》이 출간되기 직전이었다. 러셀은 중립적 일원론을 전개하면서, 17~18세기에 있었던 물질에 관한 회의주의는 물론이고 생각하는 물질의 타당성 (혹은 필요성에 대한) 인식을 더욱 발전시켜 나갔다. 러셀은 "확실성에는 세 가지 등급이 있다"라면서 "최상 등급은 내 자신이 지각한 것, 두 번째 등급은 다른 사람이 지각한 것, 그리고 세 번째 등급은 누구도 지각하지 않은 어떤 대상을 가리킨다"라고 주장했다. 여기시 지각은 우리가 감지힌 것의 의미를 파악하려고 노력히는 괴정에서 만들어지는 정신적 구조물을 의미한다. 따라서 그는 "하나의 물질이란 [그런] 현상으로 이루어진 하나의 논리적 구조"라고 결론지었다. 우리는 그렇게 정신적으로 만들어지는 실체의 '고유한 성질'에 대해 아무것도 알지 못한다. 그러니 "지각의 결과물이 물리적인 현상이 될 수 없다는 견해는 전혀 타당하지가 않다." 과학이 유용한 정보를 주기 위해서는 그런 논리적 결과물에 대한 구조적인 지식으로 범위가 제한되어서는 안 된다. 오히려 "[우리가 구축하는] 물리학의 세계는 어떤 의미에서 우리의 지각 세계와 연결되어 있어야 한다. 물리학 법칙의 증거를 제공하는 것이 바로 후자이기 때문이다."

이 작업에 필요한 지각이 어쩌면 그보다 조금 앞서서 아서 에딩턴Arthur Eddington(영국의 천문학자, 이론물리학자 – 옮긴이)이 주장한 대로 수치 읽기에 불과할 수도 있지만, "물리적 현상이 가질 수 없는 어떤 고유한 성질을 갖는다고 알려진 바는 없다. 왜냐하면 우리는 물리학이 물리적 현상에 부여한 논리적 속성과 양립할 수 없는 어떤 고유한 성질이 과연 있는지조차 알지 못하기 때문이다." 그런 까닭에 "'정신적' 현상이라고 불리는 것들도 … 물리적 세계를 이루는 물질의 일부다." 물리학 자체가 찾아내고자 하는 것은 "세상의 인과관계를 알려주는 뼈대"일 뿐이다. 그 과정에서 "지각한 것을 오직 인지적 측면에서만 [살펴보고], 다른 측면은 물리학의 영역 밖에 둔다." 다른 측면의 존재 자체를 우리가 최상 등급의 확신을 갖고 인정하는 사실이더라도 말이다.[36]

기본적으로 지성과 감각 사이의 전형적인 대화를 떠올리게 하는 문제다. 이 대화에서 지성이 말한다. 색상과 달콤함 같은 것은 관습에 불과하고 현실엔 원자와 빈 공간밖에 없다고. 그러면 감각이 이렇게 대답한다.

"못된 정신 같으니라고. 네가 우리에게서 가져간 증거로 우리를 무너뜨리려고 하느냐? 너의 승리가 곧 너의 파멸인 것을."[37]

러셀은 자신의 결론을 설명하기 위해 우리에게 물리학 전체를 알지만 앞을 볼 수 없어서 "[앞을 볼 수 있는] 사람들이 가진 지식", 이를 테면, 파란 색깔의 특성에 관한 지식이 없는 물리학자를 상상해

촘스키, 인간이란 어떤 존재인가

보라고 말한다. 이와 관련된 쟁점을 고찰한 대니얼 스톨자와 유진 나가사와Yujin Nagasawa(영국 버밍햄대학교 철학과 교수 - 옮긴이)는 이것을 '지식 직관knowledge intuition'이라고 부르는데, 프랭크 잭슨Frank Jackson(호주국립대학교 철학과 교수 - 옮긴이)이 러셀의 예를 다시 등장시키며 '지식 논리knowledge argument'라고 부른 것과는 차이가 있다. 지식 논리의 경우, 물리학자(메리Mary)가 흑백으로 된 방에 갇힌 채로 "세상의 물리적 성격에 대해 알아야 할 모든 것을 배우면" 밖으로 나왔을 때, "빨간색으로 된 무언가를 본다는 게 어떤 느낌인지를 알게 된다"라는 의미다.[38]

이런 논리를 피하려고 노력한 문헌이 상당히 많다. 논란의 여지가 있지만 널리 알려진 주장 중 하나가 바로 메리에게 부족한 것은 우리가 세상에 대해 아는 지식이 아니라, 일종의 '어떻게 그러한지를 아는 것knowing how'과 관련된 여러 가지 능력이라는 것이다. 별로 도움이 안 되는 주장 같다. '어떻게 그러한지를 아는 것'에는 더 이상 단순화할 수 없는 인지적 요소가 있으며, 그것은 능력의 범위를 벗어나기 때문이다. 흄이 도덕적 판단과 관련하여 언급했던 이유도 있다. 흄은 도덕적 판단이 범위가 정해져 있지 않고 계속해서 새로운 상황에 적용될 수 있기 때문에 유한한 보편적 원칙을 토대로 해야 한다고 주장했다(게다가 그 유한한 보편 원칙은 다른 동물과 공통으로 갖고 있는 '본능'과는 다르지만 우리의 본질에 속하는 것이다). '우리'는 아는데 메리는 모르는

4. 자연의 신비: 얼마나 깊이 숨겨져 있는 것일까?

지식은 '어떻게 그러한지를 아는 것'과 '저것을 아는 것'이라는 이분법으로 설명이 안 된다. 그것은 적절히 행동할 수 있는 무한한 능력을 만들어내는 규칙과 원칙을 아는 것에 '관한' 지식이다. 이런 지식은 언어와 시각 등에 관한 법칙을 아는 것과 마찬가지로 대부분 무의식적이라서 의식을 할 수가 없다. 이런 결론은 콰인, 존 설을 비롯한 많은 학자에 의해 원칙적으로 인정을 못 받았지만, 나는 그 이유가 설득력도 없고 논리적이지도 않다고 생각한다.[39]

러셀은 지식 직관을 통해 물리학에 한계가 있다는 결론에 이르게 되었다. 경험이 다른 정신 현상과 마찬가지로 "물리적 세계를 이루는 물질의 일부"이며, 이 말은 결국 '세계의 일부'라는 뜻인 것 같은데도, 경험의 실증적 증거를 제공하는 인지적 측면을 제외하면 경험의 많은 부분이 "물리학 영역 밖에" 있기 때문이다. 러셀은 우리가 "지각한 것에 적절히 의미를 부여하는 것으로 물리학을 해석"해야 한다고 주장했다. 그러지 않으면 아무런 실증적 기반을 갖지 못하기 때문이다.

프랭크 잭슨은 지식 논리를 통해 '물리주의가 잘못되었다'라는 결론에 이른다. 나중에는 "형이상학적 이론으로서 유물론"이 타당성을 인정받기 위해서는 "우리가 사는 세상에 관한 정신적 측면의 이야기"가 포함되어야 한다고 주장했다. "순전히 물리적인 측면에서만 세상을 이야기하더라도 사람들이 정신 상태가 지닌 경이로운 본질을 추론할 수 있[어야 한]다"라고 했다.[40]

그러나 이런 주장은 물리주의와 유물론의 개념이 명확하게 주어
지지 않는 한 별 의미가 없다. 고전적인 해석이 사라진 뒤로는 물체,
물질, 물리라는 개념이 어느 시기냐에 따라 이해하는 정도가 다른 어
떤 대상을 가리키는 존칭에 지나지 않기 때문이다. 게다가 그 경계도
분명하지 않고, 그 핵심이 바뀌는 급격한 변화가 없으리라는 보장도
없다. 그렇다면 지식 논리는 (러셀과 마찬가지로) 인간이 구축한 물리학
에 한계가 있는 것이거나, 메리가 물리학을 전부 알지는 못했다(그래
서 에딩턴이 말한 수치 읽기로부터 정확한 결론을 도출하지 못했다)는 것을 보여
줄 뿐이다.

우리가 이해하고자 하는 것은 대부분 인지적 한계를 벗어난다

'정신-육체 문제'와 비슷한 무언가를 부활시키기 위해서는, 포스
트 뉴턴 방식으로 '물리주의'('물질' 등)의 특징을 밝힐 필요가 있다. 그
렇지 않으면 그 개념을 배제하더라도 그런 문제가 발생한다고 주장
해야 한다. 지금껏 두 가지 접근법이 모두 사용되어 왔으며, 그런 사
례에 대해서는 다시 살펴보겠다. 대신에 한 가지 대안이 되는 접근
법을 먼저 말하자면, 정신-육체 문제를 아예 무시하고, 지식 직관·
지식 논리를 하나의 자연과학 문제로 접근하는 방법이다. 러셀의 사
고 실험(thought experiment, 실제 실험 장치를 쓰지 않고 머릿속으로 마치 실험

을 한 것처럼 결과를 유도하는 방법 – 옮긴이)을 조금 달리 표현해서 말하자면, 우리에게는 다른 모든 동물과 마찬가지로 생태학자들이 '주변세계Umwelt'라고 부르는 것을 반사적으로 형성하는 내재적 능력이 있다. 그 주변세계는 경험 세계를 가리키며, 인간의 것과 벌의 것이 다르고, 사실상 무엇을 이해하느냐에 따라 사람 사이에도 차이가 있다. 방사선학이 하나의 의학 전공 분야인 것도 그 때문이다. 갈릴레오는 원시적인 수준의 망원경으로 목성의 위성들을 보았다. 그러나 그가 설득하려고 애쓴 사람들은 지구상의 물체가 확대되는 것만 볼 수 있어서 갈릴레오의 망원경이 마술을 부리는 것이라고 여겼다(적어도 폴 파이어아벤트Paul Feyerabend(1924~1994, 오스트리아 태생의 미국 과학철학자 – 옮긴이)가 재구성한 역사가 정확하다면). 아주 원시적인 수준의 지각 경험을 얘기하자면, 내게는 소음으로 들리는 것이 10대 손자손녀들에게는 음악으로 들린다. 그 외에도 아주 보편적으로 나타나는 현상이다.

여타 생물과 다른 사색적인 생명체로서 우리는 경험이라는 현상을 좀 더 깊이 이해하려는 노력을 계속한다. 이런 시도를 보통 신화나 기적, 아니면 철학이나 과학이라고 부른다. 이런 것은 경험 세계 자체가 여러 가지 요인의 상호작용으로 일어나기 때문에 대단히 복잡하고 가변적임을 드러낸다. 게다가 직관적 상식에 따른 해석 방식은 분석의 대상이 될 수 없음을 알게 해준다. 따라서 포스트 뉴턴주의 과학에서 인정한 것과 같이 과학의 목표를 낮추어야 한다는 것이

촘스키, 인간이란 어떤 존재인가

다. 이런 관점에서 보면, 제3자 시각의 객관적인 과학이라는 것은 존재하지 않는다. 다양한 1인칭 관점이 존재할 뿐이며, 사람들끼리 부지런히 협력하여 탐구하면서 긴밀히 어울려 폭넓은 합의에 이를 수있다. 우리는 사색적일 뿐만 아니라 탐구적이기도 한 생물학적 존재라서 어떤 영역을 어느 정도 이론적으로 이해할 수 있게 되면 그것을 다른 탐구 영역과 통합하려고 노력한다. 그럴 때 환원법이 하나의 가능성일 수 있지만 유일한 방법은 아니다.

우리는 그런 노력이 실패할지 모른다고 예상할 수 있는데, 한 가지 이유는 우리가 기본적으로 공유하는 이해와 설명 능력에 한계가있기 때문이다. 이린 자명한 이지를 무턱내고 '신비주의'라고 소통하는 이도 간혹 있지만, 데카르트와 흄 등은 그러지 않았다. 이런 본유적 인지 능력으로는 러셀이 말한 세상의 인과관계를 알려주는 뼈대를 어느 정도 이해하는 것 (그리고 그 정신적 구조물 안에 우리가 지각한 증거물을 포함시키는 정도) 이상은 못 할 가능성이 높다. 그리고 그것을 얼마나 이해할 수 있는지는 답이 정해져 있지 않은 문제다. 원칙적으로 그 한계는 '과학을 구성하는 능력'이자 또 하나의 '정신과 관련된 기관'이라고 부를 만한 것의 본질을 실증적으로 탐구하는 주제가 될 수있다. 홍미로운 주제다. 하지만 그 쟁점이 뉴턴 이후에 사라진 전통적인 정신-육체 문제와 다르며, 직접적인 경험을 포함한 세상의 정신적 측면이 어떻게 뇌와 연결되는지에 관한 문제처럼 과학에서 많

4. 자연의 신비: 얼마나 깊이 숨겨져 있는 것일까?

이 발생하는 통합 관련 문제와도 차이가 있다.

요컨대 우리가 천사가 아닌 생물학적 유기체라면, 우리가 이해하고자 하는 것의 대부분이 우리의 인지적 한계를 벗어나 있다. 이것이야말로 갈릴레오가 결론 내리고, 어떤 의미에서 뉴턴이 증명한 진정한 이해일지도 모른다. 인지 능력에 한계가 있다는 것은 자명한 이치일 뿐만 아니라 다행스러운 일이기도 하다. 인간의 지능에 한계가 없다면 내적 구조는 물론이고 일정한 범위도 없을 테니 탐구를 해도 알아낼 수 있는 것이 없다. 기본적인 핵심은 이미 퍼스가 지식을 습득하려면, "용인되는 가설에 한계를 정하는" 타고난 재능이 필요하다고 주장할 때 분명히 밝힌 바 있다.[41] 하나의 수정란이 발달 과정을 제한하는 유전적 지시를 받지 못하면, 기껏해야 눈송이처럼 독자적으로 생존하지 못하고 오로지 물리적 법칙에 따라 형태가 만들어지는 그런 생명체로 성장하는 것과 같은 맥락이다.

환원주의 논쟁과 '환원 가능성'

우리는 자연과학을 자연 세계에 대한 크고 작은 진실이 우리의 인지 능력과 우연히 결합한 것이라고 생각할 수 있다. 사람들이 스스로 제기한 모든 문제를 풀 수 있다거나 심지어 적절한 문제를 제기할 수 있다는 것조차 믿을 만한 근거가 전혀 없다. 생쥐가 소수 미로에서 빠져나올 수 없는 것과 마찬가지로 사람도 단순히 개념적 도구가 부족해서 그런 것일 수 있다.

내가 생각하기에는 러셀의 결론이 대체적으로 옳은 것 같다. 거기서 간단하게 '물질'과 '물리적'이라는 단어만 빼면 더 나은 결론이 될 수 있다. 뉴턴 혁명 이후로 '물리적' 세계라고 하면, 우리가 '진짜' 진실이라고 할 때와 마찬가지로 강조의 의미만 있을 뿐 실질적으로 추가되는 내용은 없기 때문이다. 우리는 세상의 다양한 측면, 이를테면 화학적·전기적·경험적 측면 등을 구분할 수 있으며 그 근본 원리는 물론이고 다른 체계와의 관계, 즉 통합의 문제까지도 탐구할 수 있다.

우리가 그전까지는 몰라도 뉴턴 이후에는 정당성을 인정받은 '절제된 회의주의'를 택한다고 가정해 보자. 정신 이론으로 보면,《성찰에 대한 반론Objections to the Meditations》에서 피에르 가상디가 했던 충고를 따르는 셈이다. 가상디는 데카르트가 보여준 것은 "정신의 존재에 대한 통찰력"이 전부이며, "그것의 본질을 밝히는 데는 실패[했다]"라고 주장했다. 따라서 우리가 "대중적인 것보다 우수한 와인의 개념"을 찾아내려고 할 때처럼 그것이 어떻게 구성되며, 그 기능을 결정하는 법칙은 무엇인지를 연구해야 한다는 것이다. 같은 맥락에서 그는 데카르트에게 다음과 같이 충고했다.

"뭔가 화학과 비슷한 작업을 통해 당신 자신을 살펴봄으로써 당신의 내적 실체"와 다른 사람의 내적 실체까지도 "밝혀내고 증명하는

4. 자연의 신비: 얼마나 깊이 숨겨져 있는 것일까?

것이 당신에게 주어진 의무다."[42]

정신 이론도 과학의 다른 분야처럼 장차 통합될 것을 고려하며 연구를 해볼 수 있다. 혹시 통합이 되더라도 그게 어떤 형태인지는 관계없다. 흄은 스스로 "인간 본성에 관한 과학"이라고 칭했던 것을 연구할 때 그렇게 했다. "인간 본성에 관한 과학"은 "인간의 정신이 작동되는 비밀 원동력과 원리"를 탐색하며, 그가 뉴턴의 업적에 비유했던 "신성한 자연의 손끝"에서 비롯되는 그런 "우리의 일부 지식"도 포함된다. 본질적으로는 현대 문헌에서 "철학의 자연화" 혹은 "자연화한 인식론"이라고 표현되는 것이다. 사실 가상디가 권유한 방식은 17세기 '인지혁명' 당시에도 영국의 신플라톤주의자들은 물론이고 대륙에서 언어와 정신을 연구한 철학자들이 사용했다. 그리고 최근 들어 새롭게 각광받고 있다. 이에 관해서는 논외로 하겠다.[43]

화학 자체도 아주 분명하게 이 방식을 따랐다. 18세기 화학자 조지프 블랙Joseph Black은 "화학 친화력chemical affinity을 첫 번째 원리로 받아들여야 한다"라며 "뉴턴이 만유인력을 설명할 수 없었던 것처럼 우리도 그 원리를 설명하지 못하지만, 뉴턴이 만유인력의 법칙과 관계된 이론을 구축했듯이 우리도 친화력에 관한 이론을 그만큼 구축할 때까지는 친화력의 법칙을 설명하는 것은 미루자"라고 제안했다. 아직 "첫 번째 원리에 대한 지식이 전혀 없는" 상태에서는, 화학이 "뉴턴의 《광학》처럼 분석적이어야 하며, 보편적인 법칙의 형태를 갖춘 귀납법의 결론으로 우리의 노력이 보상받아야 한다”라는 것이다. 실제로 화학이 풍성한 이론을 구축하는 과정에서 블랙이 소개한 방식이 사용되었으며, 그 “업적들은 … 환원주의적 토대 위에 세워진 것이 아니며, 새롭게 부상하는 물리학과도 별개로 이뤄낸 성과였다”라고 화학 역사가인 아놀드 태크레이Arnold Thackray는 주장한다.

뉴턴과 그의 추종자들은 “모든 화학 작용을 지배하는 보편적인 수학 법칙을 알아내는 지극히 뉴턴적이고 환원주의적인 작업을 계속 추구”하고자 했다. 그리고 물리학과, “항구 불변하는 미립자” 사이의 상호작용이라는 물리학적 개념을 기초로 화학적 기제를 설명하는 원칙적인 과학을 발진시기려고 노력했다. 하지만 존 돌턴John Dalton이 “화학 단위를 정량화하는 데 놀라운 성공을 거둠”에 따라 뉴턴주의자들의 계획이 무산되었다고 태크레이는 말한다. “화학자들 사이에 일어나는 모든 철학적 논쟁의 영역이 화학적 ‘기제’(반응의 ‘이유’)에서 화학적 ‘단위’(‘무엇’이, 그리고 ‘얼마나’)로” 바뀌었기 때문이다. 화학적 단위를 주제로 한 논의는 “물질의 일관성을 인정하지 않고 근거리 작용을 일축한다는 점에서 물리주의와 뉴턴주의에 심하게 반하는” 내용이었다. “돌턴의 생각은 화학적으로 훌륭했다. 그 결과 철학적으로 더 일목요연했던 뉴턴주의자들의 환원주의적 구조보다 역사적으로 대접을 받았다.”[44]

현대 용어로 말하자면, 포스트 뉴턴주의 물리학자들이 상식적 이

197

해력으로는 자명한 사실임에도 기계론적 철학을 무시함으로써 (이 경우 아예 거부함으로써) 뉴턴식 역학과 기계론적 철학 사이의 설명할 수 없는 간극을 신경 쓰지 않은 것처럼, 돌턴은 기본적인 물리학을 무시함으로써 화학과 물리학 사이의 그 설명할 수 없는 간극을 무시했다고 볼 수 있다. 이후 과학의 흐름은 대개 이런 방식을 따랐다. 물론 논란이나 날카로운 비판이 없었던 것은 아니며, 심하게 오해했다는 것을 뒤늦게 깨닫는 경우도 종종 있었다.

20세기가 한창일 때도 저명한 과학자들이 화학을 물리학으로 환원하지 못하는 것을 대단히 중요한 설명적 간극이라고 해석했다. 윌리엄 브록William Brock(영국의 화학자·과학사가 – 옮긴이)이 쓴《화학의 역사William Brock's standard history》를 인용하며, 화학은 "단지 눈으로 관찰한 반응 과정을 요약하는 분류상의 기호들을" 제공할 뿐이라고 주장했다. 케쿨레는 구조 화학을 통해 화학과 물리학의 궁극적 통합을 향한 중요한 진전을 이뤄냈지만, "유기 분자에 절대적인 구조라는 것이 과연 주어질 수 있는지" 의심했다. 그의 원자가 모형과 분석은 연산 장치로서 도구적 해석만 가질 수 있었다. 그에 앞서 앙투안 라부아지에Antoine Lavoisier는 "성분의 규모와 성질[은] 풀리지 않는 문제이며 무한한 해법을 내놓을 수 있겠지만 자연에 부합하는 것은 하나도 없을 것"이라고 믿었다. "눈에는 보이지 않지만 물질을 구성하는 원자에 대해 … 우리는 아무것도 알지 못할 가능성이 대단히 높은 것 같다"며 앞으로도 그럴 것이라고 생각했다. 케쿨레는 풀릴 수 있는 문제는 하나도 없다고 말하는 듯하다. 구조적인 공식은 쓸모가 있기도 하고 없기도 하지만, 거기에 물질에 관한 진실은 담겨 있지 않다는 말이다. 물리학의 많은 부분이 그런 식으로 이해가 되었다. 앙리 푸앵카레Henri Poincare는 심지어 우리가 기체 분자 이론을 사용하는 이유는 단지 당구 게임에 익숙하기 때문이라고 말했을 정도다. 루트비히 볼츠만Ludwig Boltzmann의 전기 작가는 볼츠만이 자살한 이유가 원자에 관한 그의 이론적 설명이 단순히 하나의 연산 체계에 불과하지 않음을 다른 과학자들에게 충분히 납득시키지 못했기 때문이라고 추정한다. 아이러니하게도 그가 사망한 직후, 물리학자들은 브라운 운동과 더 많은 쟁점에 관한 앨버트 아인슈타인Albert Einstein의 연구를 통해 볼츠만이 가정했던 원자의 존재를 믿게 되었다. 닐스 보어Niels Bohr의 원자 모형 역시 걸출한 과학자들로부터 '물리적 실체'가 없다는 비판을 받았다. 미국 최초로 노벨상을 받은 화학자는 1920년대에 화학적 결합의 실질적 성격에 관한 논쟁이 형이상학적 '헛소리'에 불과하다고 일축했다. 그 개념이 물리학으로 환원될 수 없는 한, "화학적 반응에 관해 알려진 사실들을 상징적으로 표현하는 아주 조악한 방법이자 하나의 묘사 양식"에 지나지 않는다는 것이다. 당시 선구적인 과학자 몇 명이 이런 회의주의를 거부했을 때는 터무니없는 견해라고 비난을 받았다. 그러나 지금으로부터 70년 전에 라이너

스 폴링Linus Pauling이 화학 결합을 양자역학으로 설명했으니, 그들이 결국 화학과 물리학이 통합되는 길을 개척한 셈이다.[45]

1927년에 러셀은 화학 법칙이 "현재로선 물리학 법칙으로 환원될 수 없다"라고 주장했다.[46] 그러나 오해의 소지가 있는 내용으로 판명이 났다. '현재로선'이라는 표현이 문제를 과소평가한 것이다. 물리학 법칙에 대한 개념 자체가 잘못되었기 때문에 화학 법칙은 물리학 법칙으로 절대 환원될 수 없었다. 당시 인식한 설명적 간극이라는 것도 메워지지 않았다. 다시 한 번 '상상할 수 있는 가능성', '세상에 대한 이해 가능성'이라는 부적절한 개념을 버리고, 방법론적 자연주의라는 절제된 회의주의를 택할 필요가 있었다. 환원 가능성을 열어두고 우리의 지식을 늘려나가는 것이다.

프리스틀리와 물질-영혼 이원론의 종말

오늘날 언어와 정신에 관한 논의에도 유사성이 아주 뚜렷하게 나타나는 사례들이 있으며, 거기서 몇 가지 교훈을 이끌어낼 수 있다. 곤충의 상징적 표현이나 운동 행동의 구조, 포유류의 시각과 사람의 언어, 도덕적 판단 등에 관한 연구는 저마다 조지프 블랙이 제안한 방식을 잘 따르고 있다. 이런 연구들이 곤충의 비행 요소나, 2차원의 이미지가 (다른 규칙이 허용하는 한) 3차원의 경직 운동으로 해석되고,

촘스키, 인간이란 어떤 존재인가

언어의 전치 효과는 국지성 원리를 따른다는 법칙 등을 설명해줄 '이론 체계'를 개발하는 데 성공한다면, 그때는 신경생리학과의 통합이 이뤄지지 않았더라도 정상적인 과학으로 간주되어야 한다. 통합은 앞으로도 어려울지 모른다. 여러 가지 이유가 있지만, '환원의 근거'로 짐작하는 것 자체를 잘못 이해하고 있어서 수정이 필요하다는 점도 포함된다. 오늘날의 뇌과학은 100년 전의 물리학이나 뉴턴 시절의 기계론적 철학만큼 확고히 자리를 잡지 못했다는 것은 두말할 나위 없는 사실이다. 따라서 의식으로의 접근 가능성에 관한 신념을 고집하는 것은 무의미한 일이다. 논리적으로 공식화할 수는 있겠지만 그것이 경지성 원리나 국지성 조건의 '물리적 헌신'과는 아무 관계가 없기 때문이다. 우리는 이제 이론적 설명이 "[행동에 관해] 알려진 사실들을 상징적으로 표현하는" 한 가지 방법이자 "하나의 묘사 양식"에 지나지 않는다고 보는 시각을 무시할 수 있을 만큼의 이해력은 갖추어야 한다. 그런 시각은 흔히 고차원의 정신 능력에 관한 이론은 비판하면서, 곤충의 연산에 대해서는 비판하지 않는다. 언어와 정신에 관한 탐구를 비판하는 논의에서 아주 많이 볼 수 있는 방법론적 이원론의 또 다른 증거다.[47]

전통적 물리주의의 붕괴로 그 기반이 사라졌음에도 이보다 훨씬 오래된 통찰이 다시 떠오르고 있는 것도 살펴볼 가치가 있다. 그래서 오늘날 "정신적인 것, 사실상 정신은 뇌에서 발생하는 성분이며, 그

201

발생이 … 어떤 원리를 따르는지는 … 우리가 아직 이해하지 못하지만"이라고 서술하는 새로운 생물학(분자생물학) 논문을 읽게 되는 것이다. 이 대목은 신경과학자 버논 마운트캐슬Vernon Mountcastle이 20세기의 마지막을 장식한 '두뇌의 시대' 연구 결과물을 검토한 논문집의 전체 주제를 정리한 표현이다. "우리가 아직 이해하지 못하지만"이라는 구절은 70년 전에 러셀이 화학에 대해 말했던 비슷한 표현과 똑같은 운명을 겪을 것이 뻔하다. 그동안 다른 탁월한 과학자와 철학자들이 새로운 생물학의 '충격적인 가설'이나 정신 철학의 '급진적' 신개념이라는 이름으로 제시해온 이론들이 본질적으로는 똑같다. "정신과 관련된 현상이 철저하게 자연발생적이며 뇌의 신경생리학적 활동이 원인이 되어 나타난다는 대담한 주장"을 함으로써 참신하고 전도유망한 탐구 가능성을 열어두고, 정신과 육체를 분리하는 데카르트식 이원론은 거부하는 것이다.[48]

사실은 수 세기 전에 당시 유일하게 일관성이 있었던 물체(물리적, 물질적 등)라는 개념이 사라짐에 따라 전통적인 정신-육체 문제를 제기할 수 없게 되자 등장했던 표현들이 사실상 단어까지 똑같이 반복되어 나타나고 있는 것이다. "정신적이라고 하는" 속성이 어쨌거나 "뇌의 유기적 구조"로 환원이 된다고 한 조지프 프리스틀리Joseph Priestley의 결론[49]은 앞서 흄과 다윈을 비롯해 많은 인물이 어휘만 달리하여 이미 했던 말이다. 아마도 기계론적 철학이 붕괴된 이후에는 불가피한 일이었을 것이다.

프리스틀리의 중요한 업적은 로크의 추측을 두고 한 세기 가까이 지속된 많은 연구의 정점을 찍고, 그런 연구 결과를 가장 정교하게 발전시켰다는 점이다.[50] 그는 생각하는 물질에 관한 로크의 결론이 '물체'나 '물질', 혹은 '물리'라는 진지한 개념의 붕괴에 따른 직접적인 결과임을 분명히 밝혔다.

> 뉴턴의 철학 원리가 알려지자마자 자연 현상 중에 견고한 물질에서 비롯되는 것은 상대적으로 얼마 안 되고, 물질의 견고한 부분에 딸려서 그것을 에워싸고 있다고 진자할 뿐인 힘에 의한 것이 얼마나 많은지가 밝혀졌다. ⋯ 이제 견고함은 그 체계와의 관련성이 아주 미미하다는 것이 확실해졌는데도 자연에 아예 그런 견고함이 없을지도 모른다는 생각을 철학자들이 하지 못한다는 건 정말로 놀라운 일이다.

그러니 "사고나 감각의 원리[가] 물질로 적합하지 않다"고 가정할 이유가 더 이상 없다고 프리스틀리는 판단했다. 따라서 "이런 가정을 근거로 사람의 사고 원리가 물질적이지 않다고 하는 모든 논리는 실패로 끝난다"라며 "감각이나 사고가 지금껏 우리가 더 깊이 알지도 못한 채 비물질적이라고 불러온 실체에 부합한다면, 지금껏 견고함이라고 불렸던 성질을 배제한 물질에도 부합한다고 볼 수 있다"라고

4. 자연의 신비: 얼마나 깊이 숨겨져 있는 것일까?

주장한다. 그렇다면 감각, 지각, 그리고 사고의 힘은 "물질로 된 하나의 조직적인 체계"에 의해 야기되며, "그런 체계 안에 존재하고 거기에 의존할 수밖에 없다." "우리는 지각의 힘이 무엇인지에 대해 아주 불완전하게 알고 있는 것"이 사실이다. 앞으로도 "확실한 개념"을 얻지는 못할 것이다. 그러나 "바로 이런 무지함 때문에 우리는 그것이 다른 어떤 속성과 함께 존재하거나 존재하지 않을 수도 있다고 단언하는 데 신중해야 한다." 오직 "지각과 사고의 본질에 관한 엄밀하고 확실한 지식이 있어야만 누구든 그것들이 정말로 끌어당기고 밀어내는 속성을 지닌 넓은 의미의 물질에 속하지 않는지 여부를 단언할 수 있다." 우리가 잘 알지 못한다고 해서 감각과 사고가 포스트 뉴턴주의에서 말하는 물질에 부합하지 않는다고 가정해야 하는 것은 아니다. "사실, 소리가 공기의 특수한 진동이 가져온 필연적인 결과인 것처럼, 감각과 사고의 힘 역시 하나의 특수한 조직이 가져온 필연적인 결과라고 판단할 이유가 있다." 프리스틀리는 나중에 이런 의견을 밝히기도 했다. "내 생각에 뇌가 '생각을 한다'고 판단하는 이유는 뇌가 '희고' '부드럽다'고 판단하는 이유와 똑같다."[51]

프리스틀리는 로크가 생각하는 물질에 관한 의견을 내세우는 데 주저한 것을 비판한다. 왜냐하면 로크의 결론은 "아이작 뉴턴 경이 정한 것과 같이 보편적으로 인정되는 철학적 사고의 법칙"이 낳은 직접적인 결과이기 때문이다. 프리스틀리는 우리가 "자연에 나타나는 어떤 모습의 원인을 탐구할 때” 따르는 법칙을 사고와 감각에는 적용하지 못하게 하는 방법론적 이원론을 버려야 한다고 강조한다. 뿐만 아니라 우리가 “이런 사실을 주목하기만 해도 우리 행동의 모순에 대해 깨닫고” 철학자들로 하여금 세상의 정신적 측면을 탐구할 때도 세상의 다른 영역을 탐구할 때와 같은 원칙을 적용하도록 “유도하는 수단이 될 것”이라고 희망했다. 그러나 이 희망이 아직은 실현되지 않은 것 같다.[52]

프리스틀리는 확실히 “물질-영혼 이원론에 종식을 고하기 위해 견고한 물질이라는 개념이 사라지기를 바랐다”고 태크레이는 말한다. 그렇게 해서 생각하는 물질이라는 논리에 더 이상 의문을 품기 않기를 원했다.[53] 존 욜튼John Yolton(러트거스뉴저지주립대학교 철학과 교수-옮긴이)의 말을 빌리면, 프리스틀리의 결론은 “모든 것이 물질로 환원된다는 것이 아니라, 두 개의 실체라는 이원론적 관점의 근거가 되는 그런 유형의 물질은 존재한지 않는다”라는 것이다. 그리고 “물질의 개념을 바꾸면 사고의 본질은 물론이고 사고와 뇌의 관계에 대해 전통적인 방식으로 의문을 제기하는 것이 적절치 않다”며 “전통적인 이론이라면 정신적이면서, ‘그리고’ 물리적이기도 하다고 표현했을 만한 성질을 가진 복잡한 구조의 생물학적 체계를 생각해야 한다”라고 주장했다.[54] 프리스틀리의 이런 결론은 본질적으로 에딩턴과 러셀이 도달한 결론과 같으며, 최근에 특히 갤런 스트로슨과 대니얼 스

4. 자연의 신비: 얼마나 깊이 숨겨져 있는 것일까?

톨자가 발전시킨 내용이기도 하다.

로크의 제안이 18세기 영국에서 어떻게 발전했는지를 검토한 욜튼은 다음과 같이 주장한다.

"프리스틀리의 매력적인 제안은 받아들여지지 않았고 확장되지도 않았다. 심지어 유물론의 초기 형태와 무엇이 다른지조차 거의 인정을 못 받았다. 로크가 생각하는 물질을 제안함으로써 제기된 여러 가지 쟁점 자체는 … 18세기 내내 논의가 되었지만, 프리스틀리가 암시했던 것과 같이 사람을 하나의 실체로 보는 새로운 관점을 체계적으로 정리한 사람은 아무도 없었다."[55]

이런 결론은 지금도 거의 달라진 것이 없다. 이것을 통합 문제와 관련이 있다고 본다면, 단순한 유기체에도 해당되는 사실이다.

"정신이라는 속성은 뇌의 유기적 구조로 환원된다"

'뉴턴주의 철학 원칙'을 따를 경우 정신-육체 문제가 사라진다고 주장한 프리스틀리는 이제 육체(물질 등)라는 용어가 더는 명확한 의미가 없음에도 이와 비슷하게 문제를 재구성하려는 노력과 맞서기 시작한다. 그 첫 번째는 "물질에서 어떻게 생각이 일어날 수 있는지를 상상하기 어렵다는 … 순전히 우리의 무지에서 힘을 얻는 주장"이다. 이것은 사고와 물질이 "절대 양립할 수 없음"을 증명하지 않는 한

촘스키, 인간이란 어떤 존재인가

아무 영향력이 없다는 주장이기도 하다. 프리스틀리는 무지에서 비롯되는 불안감에 시달리지 않았다. 나는 그의 태도가 물질과 운동의 미스터리한 속성을 기계론적 철학으로 환원할 수 없었을 때, 그리고 그보다 근대인 1930년대까지 화학을 엉뚱한 물리학으로 환원할 수 없었을 때에 과학자들이 보였어야 하는 적절한 태도라고 생각한다. 과학의 역사에서 두 번의 중요한 순간을 들자면 그렇다.

이에 대해 오늘날 흔히 제기되는 반대 의견은 이런 생각의 근거가 되는 '급진적인 생성'이라는 형태를 용인할 수 없다는 것이다. 보통 분자에서 액체가 생성되는 것은 합리적으로 생각해 보아도 액체의 성실이 분사에 내새되어 있어시 그렇다고 볼 수 있디. 네이젤의 표현을 빌리자면 "우리는 논리적으로 어떻게 액체가 미세한 차원에서 '서로 맞닿아 굴러다니고 있는' 분자의 결과물인지를 '알 수 있다.'" 그러나 의식과 "신경세포의 경우에는 비슷한 예를 기대할 수 없다."[56]

스트로슨 역시 액체의 성질을 전형적인 예로 들면서, 생성이라는 개념은 '완전 종속' 관계로 해석해야만 이해가 가능하다고 주장한다. 만약에 "Y의 일부나 어떤 면이 다른 무언가에서 [비롯된다]"라고 하면, 우리는 Y가 "X에서 발생한다"라고 말할 수 없다는 것이다. 우리가 Y라는 현상이 Y가 아닌 현상에서 발생한다고 명료하게 말할 수 있는 것은 그 Y가 아닌 현상이 적어도 X라는 현상을 "구성하는 데 어떻게든 '본질적으로 적합'"할 때뿐이다. 거기에 틀림없이 "X의 본

4. 자연의 신비: 얼마나 깊이 숨겨져 있는 것일까?

질에 관한 무언가가 있어서 그것으로 인해” ‘그렇게 적합’하게 되는 것이다. “왜 그런 것이 생성되는가 하는 이유가 사물의 본질에 들어 있지 않다고 해서 생성 자체가 맹목적일 수 없다는 것이 생성이라는 개념에 내재되어 있다.” 이것이 스트로슨의 ‘급진적이지 않은 생성이론’이며, 스트로슨은 여기에서 “경험적 현실은 완전하게 절대적으로 경험적이지 않은 현실로부터 발생할 수 없다”라는 범심론汎心論, panpsychic적 결론을 이끌어낸다. 그가 강조하는 기본적인 주장은 “Y가 X로부터 발생하는 것이 정말로 사실이라면 Y는 어떤 면에서 전적으로 X에 종속된다는 의미이며, 따라서 Y의 모든 특성이 X에서 비롯됨을 쉽게 알 수 있다”라는 것이다. 여기서 ‘알 수 있다’는 것은 인식론적 개념이 아니라 ‘신은 알 수 있다’는 의미의 형이상학적 개념이다. 비록 우리는 알 수 없더라도, 사물의 본질에 관한 설명이 분명히 존재한다는 뜻이다.[57]

프리스틀리였다면 네이젤의 거부감은 인정하지 않고, 스트로슨의 정리는 수용하되 범심론적 결론에 이르지는 않았을 것 같다. 여기서 짚고 넘어가야 할 것은 흔히 사용되는 분자-액체 사례가 아주 강력하지는 않다는 점이다. 게다가 우리는 어떤 액체가 전기분해법에 의해 두 개의 기체로 바뀌는 모습이 쉽게 그려지지 않으며, 물과 염기, 산의 성질이 수소나 산소, 아니면 다른 원자에 들어 있다는 것 또한 직감으로 알지 못한다. 더군다나 마음으로 그려볼 수 있는지와 관련해 문제를 제기하는 것 자체가 적절치 않은 것 같다. 뉴턴과 로크가 상상조차 할 수 없다고 한 운동의 효과든, 환원 불가능한 화학 법칙이든, 아니면 정신과 두뇌의 관계이든 마찬가지다. "수소와 산소가 본질적으로 물을 구성하는 데 적합한 것"은 수소와 산소의 본질과 관련이 있음을 과학이 오랜 연구 끝에 밝혀냈다. "왜 그런 것이 발생하는가 하는 이유를 사물의 본질에서" 찾아낸 것이다. '맹목적인 발생' 같았던 것이 통상적인 발생으로 과학에 통합되었다.

그러나 상상 가능성에 의존하는 액체류의 발생은 확실히 아니다. 나는 경험적 실재와 경험적이지 않은 실재의 경우에 왜 문제가 다를 수밖에 없는지 확실한 이유를 모르겠다. 뉴턴과 로크, 프리스틀리가 강조하고, 러셀이 발전시켰으며, 최근에 다시 떠오르고 있는 것처럼 경험적이지 않은 실재에 대한 우리의 무지를 감안하면 특히 그렇다.

프리스틀리는 이제 정신이 "이성의 영향을 받기 때문에 물질이 될 수 없다"라고 하는 두 번째 주장을 살펴본다. 이에 대해 그는 "이성이 무엇이든 간에 물질을 움직이게 하는 이상, 어떤 물질적 실체로서의 특성이 있기 때문에 그럴 수 있다고 생각하는 편이, 이성은 물질과 아무런 공통점이 없는 실체에 속한다고 가정하는 것보다 훨씬 쉽다"라고 대응한다. 오늘날의 표현 방식과는 다르지만, 범심론이 다시 유행하는 것과도 일부 관련 있는 최근 논의의 핵심을 담고 있다.

그러나 최근의 유행과 반대로,[58] 프리스틀리는 "두뇌를 구성하는

4. 자연의 신비: 얼마나 깊이 숨겨져 있는 것일까?

각각의 요소를 의식할 수 없는 상황에서" 의식이 "두뇌라는 하나의 체계와 합쳐질 수는 없다"라는 결론을 인정하지 않는다. 그는 "인간의 정신에 포함되는 그런 복잡한 생각과 특성, 그리고 자기에 대한 개념이나 '나'라는 대명사에 대한 느낌이 어느 정도의 신경계를 필요로 한다"라는 점은 "우리나라 같은 다른 복잡한 개념들과 본질적으로 다르지 않다"라고 주장한다. 또한 이런 사실을 "생명은 한 동물 전체의 속성이어야지 각 부분의 속성이어선 안 된다"거나 소리는 공기의 "미립자 한 개가 움직여서 생기는 결과"가 절대 아니라는 사실만큼이나 당연하게 받아들여야 한다고 강조한다. 우리가 알아야 할 점은 "자신이라는 용어가 그 순간에 막 떠오른 것까지 포함해 특별한 감각과 생각이 모여 있는 실체를 가리키며, 비슷한 감각과 생각이 모여 있는 다른 실체와 구분된다"라는 것이다. 이제 "이런 임의의 가정들을 버리고 여러 가지 사실을 세심하게 검토하고 신중하게 추론함으로써 물질의 성격과 영향은 물론이고 정신의 기능에 대해서도 우리의 결론을 만들어야 할 때가 무르익었다." 그러기 위해 뉴턴의 탐구 방식을 적용하되 상식적인 수준에서의 타당성은 고려하지 않아야 한다. 그것이 합리적인 태도인 것 같다.

프리스틀리는 우리가 "진부한 어법"과 "진부한 이해"를 근거로 한 논쟁도 그만두어야 한다고 충고한다. 예컨대 내가 '나의 몸'에 대해 말할 때 그 '나'라는 표현에 의해 선택되는 어떤 실체를 탐색하는 것은 이원론적 기미를 띤다. 프리스틀리는 "이런 말장난에 따르면, 사람에게는 사람을 구성하는 모든 부분 외에 다른 무언가가 있어야 한다"라고 말한다. 예컨대 "한 남자가 '나는 내 몸과 영혼을 다 바친다고 말한다'"라고 할 때, 거기서 '나'라는 대명사는 몸과 영혼 외에 "그 헌신을 행하는" 무언가를 가리킨다고 하는 것처럼, 영혼과 육체 외에 다른 무언가가 있어야 한다는 얘기다. 길버트 라일의 용어로 하면, 흔히 사용되는 어구들은 "구조적으로 오해의 소지가 있는 표현"일지 모른다. 이것은 당시 표면상의 문법 형태가 실제 의미를 감추는 방식에 대한 100년 전통의 탐구에 근거를 둔 심각한 고민이었다.

토머스 리드Thomas Reid(1710~1796, 영국의 철학자 – 옮긴이)는 프리스틀리와 마찬가지로 "정신 작용 자체와 그 작용의 대상을 구분하는 데" 주의하지 않으면 철학적 오류의 원인이 된다고 주장했다. 예컨대 'I have an idea'라는 구문은 'I am thinking'과 같은 의미로 이해해야 하는데, 'I have a diamond'라는 모형을 근거로 해석하는 식이다. 이보다 앞서 프랑스 백과사전파의 세자르 셰노 뒤 마르세즈César Chesneau du Marsais(1676~1756, 프랑스의 철학자 – 옮긴이)는 이와 똑같거나 다른 여러 가지 사례를 들어 명사를 "우리의 사고와 독립적으로 존재하는 실물의 명칭"으로 간주하는 오류에 대해 경고했다. 그렇다면 언어에서 '발상'이나 '개념', '이미지' 같은 어휘들이 '지각할 수 있는 대상'을 가리키기는커녕 '실제로 존재하는 대상'을 의미한다고 여길

211

근거가 전혀 없다.[59] 비슷한 이유로 프리스틀리는 "['나의 몸'] 같은 어법으로부터 확실하게 추론할 수 있는 것은 아무것도 없다"며 "그런 어법은 결국 진부한 이해에서 비롯되는 결과에 불과하다"고 주장한다.

'진부한 이해'에서 비롯되는 논쟁을 거부해야 한다는 필요성에 대해서는 많은 사람이 폭넓게 인정한다. '내 생각', '내 꿈', '내 영혼'은 물론이고 '나 자신my self' 같은 표현까지도 나myself(=me, 어떤 의미에서 요즘의 내 모습이 나답지 않을 수도 있지만)와는 다르기 때문이다. 존이 스스로에 대해 생각할 때는 존이 존에 대해 생각하는 것이 맞지만, 그가 그 자신에 대해 생각할 때는 그렇지가 않다. 존은 스스로에게 상처를 입힐 수는 있지만 그의 자신에게는 그럴 수가 없다(이 신기한 존재가 우리의 정신세계에서 무슨 역할을 하든 간에). 'His actions are betraying his true (authentic, former) self(그가 그의 진짜(진정한, 원래의) 모습과는 딴판으로 행동하고 있다)'라고 말하는 것과 'He's betraying himself(그가 본색을 드러내고 있다)'라고 하는 것은 엄연한 차이가 있다. 그리고 'thine own self(네 자신 스스로)'라고 하면 'thyself(네 자신)'보다 본질적인 의미가 강하다. 이런 복잡한 문제를 파고드는 것은, 전부 타당하고 새롭게 일깨워주는 점도 있지만, '정신 작용', 즉 우리가 인식하고 사고하는 방식과 관련이 있는 문제라서 '우리의 사고와 독립적으로 존재하는 실물'을 뜻하는 것으로 잘못 이해해서는 안 된다. 후자는 자연과학의 관심사이며, 나는 그것이 이 책에서 살펴본 전통의 주요 관심사라고도 본다.

정신 작용은 거의 틀림없이 '나는 내 육체와 동일하지 않다'는 논지에 부응한다. 이 논지는 스티븐 야블로Stephen Yablo(MIT 철학과 교수-옮긴이)가 제안한 실체 이원론의 핵심 전제다.[60] 그는 더 나아가 "실체 이원론이 … 이상하게도 사람들의 관심 밖에 놓여 있다"라며 아마도 "사람들이 더는 '정신'을 각자에게 권한이 있는 대상이나 '실체'로 인식하지 않기 때문"이라고 말한다. 그러나 "우리가 '나I'를 사용해서 가리키는 '자신selfves'에 대해서는 확실한 실체로 인식한다"며 "그것을 육체와 자신이라는 이원론으로 해석하는 것은 정신/육체 이원론의 목적에 별로 위배되지 않는다"라고 주장한다.

내가 이 책에서 따르고 있는 전통에서는, '물질'이 원래의 지위를 상실했지만 '이상하게' 그런 것은 아니다. 게다가 앞서 설명한 것처럼 1인칭 대명사('내 육신과 영혼을 바치겠다고 맹세합니다'와 같이)나 '존'과 같은 이름을 사용할 때 우리가 정말로 '자신'을 가리키는지도 결코 명확하지가 않다. 그게 참인지 거짓인지와 별개로, 우리가 그런 어휘를 사용할 때는 우리의 사고방식과 독립적으로 세상에 존재하는 실질적인 대상을 가리킨다는(혹은 그렇게 간주하기라도 하는) 논리가 필요할 것이다. 그보다 타당하다고 느껴지는 대안이 있다면, 이런 주제를 자연과학이 아닌 민족지학, 그러니까 사람들이 세상에 대해 어떻게 생각하는지를 연구하는 전혀 다른 영역에 포함시키는 것이다. 자연과학에 대해서는 프리스틀리의 결론을 뛰어넘기가 어려울 것 같다. 그의 결론은 로크의 제안이 기본적으로 정확하며, '정신이라고 하는' 속성들이 '뇌의 유기적 구조'로 환원이 된다는 것이다. 비록 어떤 방법으로 그렇게 되는지는 우리가 알지 못하지만, 화학 같은 핵심적인 자연과학의 역사를 고려하면 그리 놀랄 일도 아니다.

'문제'를 재구성하려는 두 가지 시도

앞서 언급한 대로, 육체 (등등)에 관한 전통적 개념이 무너짐에 따라, 정신-육체 문제와 비슷하게 문제를 재구성하려는 시도가 있으며, 방법은 기본적으로 두 가지다. '물리적인' 것의 개념을 정의하거나, 아니면 프리스틀리가 예상했던 것과 같이 다른 측면에서 문제를 제기하는 것이다.

갤런 스트로슨은 일련의 중요한 저서를 통해 첫 번째 방법을 발전시킨다.[61] 다른 많은 사람과 달리 그는 정말로 '물리적'이라는 개념의 정의를 내림으로써 물리적-비물리적 문제를 공식화할 수 있게 만든다. 그 물리적이라는 것은 "공간적-시간적으로(혹은 최소한 일시적으로라도) 존재하는 모든 유형의 것"이다. 여기에는 '경험적 현상'(좀 더 일반적으로는 정신적 현상)이 포함되기 때문에 경험적 현상이 어떻게 물리적 현상이 될 수 있는가 하는 문제도 제기할 수 있다. 이것이 포스트 뉴턴주의 버전의 '정신-육체 문제'다. 스트로슨은 에딩턴과 러셀, 그리고 그보다 앞선 선조들, 특히 프리스틀리를 따라서 "물리적 대상은 그 자체에 경험이나 의식과 같은 '정신적 활동으로 스스로를 드러낼 수 있는 본질'을 갖는다"라고 결론 내린다.

몇 가지 단순한 사실과 함께 그 정의를 감안하면 이 정도 결론은 논쟁의 여지가 없는 것 같다. 그러나 스트로슨은 '미소심론micropsy-chism'(그는 '범심론'과 동일한 의미로 사용한다)이라는 훨씬 강력한 이론을 구축하려고 한다. '적어도 일부 궁극의 것들은 본질적으로 경험을 수반한다'는 논지다. 스트로슨이 분명히게 밝히고 있는 것처럼, 그렇게 심화된 결론의 중요한 전제는 앞서 논의했던 '급진적이지 않은 생성 이론'이다. 이 이론은 '경험적 현실은 완전히, 절대적으로 경험과 무관한 현실로부터 발생할 수 없다'는 문제가 뒤따른다. 인식론적 문제가 아니라 형이상학적 문제다. 스트로슨은 "[생각]을 [생각]과 어울리지 않는 이른바 '견고한' 성질의 어떤 것과 결부시키려고 하면서, 그 생각이 과연 어디서 오는지 모르겠다고 하는 것은 어리석은 일"이며, "원자들로 하여금 생각하는 대상을 구성할 수 없도록 하는 원자의 성질"에 대해 우리가 아는 바가 전혀 없다고 한 에딩턴의 견해를 인용하면서, 미소심론적 태도라고 해석했다. 하지만 스트로슨이 말하는 미소심론이나 범심론에는 미치지 못하는 것 같다. 오히려 프리스틀리의 생각과 비슷해 보인다. 에딩턴은 물리학의 어떤 내용도 우리로 하여금 "너를 구성하는 원자들의 조합"이 "생각하는 (의식하고, 경험하는) 대상"일 수 있다는 결론을 부정하게 만드는 것은 없다고 썼다. 아무래도 에딩턴이 스트로슨과 같은 결론에 이르기 위해 필요한 '급진적이지 않은 생성 이론'을 수용한 것 같지는 않다. 러셀 또한 그렇게까지 나아가지는 않았으며, 프리스틀리는 노골적으로 부정했다. 그는 급진적인 발생을 정상적인 과학으로 간주한다. 원문 그대로를 이해하는 것과 별개로, 쟁점 자체는 꽤 명확하게 도출된 것 같다.

두 번째 방법은 대니얼 스톨자가 사용하고 있다. 그는 물리주의와 '정신-육체 문제'의 변형에 관해 가장 면밀하게 연구를 해왔다. 실제로 어떤 것이 '물리적'이라고 할 때 그게 무슨 의미인가 하는 질문에 몇 가지 대답을 주기도 한다. 스톨자는 "물리적인 것이 무엇인지 전혀 알지 못하는 상태에서는 물리주의가 무엇인지도 제대로 알 수가 없음"에도 선행 연구에서는 이 질문이 별로 주목받지 못했다고 지적한다.[62] 그러나 그가 제시하는 대답이 그렇게 설득력 있지는 않다. 이에 대해 그도 공감하리라고 생각한다. 그러나 그는 그것은 중요하지 않다고 주장한다. "우리가 아는 개념 중에는 분석할 방법을 모르는 것도 많다"며 "물리적이란 개념은 인간의 사고에 관한 핵심 개념 중 하나"라고 말한다. 두 번째 문장은 맞는 말이기는 하나 이미 오래전에 무너진 기계론적 철학의 상식적 개념을 따를 때만 그렇다. 첫 번째 문장 또한 맞지만 우리가 과연 직감으로만 알고 분석하지는 못하는 개념을 기반으로 진지한 철학적 입장을 세우고자 하는지가 명확하지 않다. 오랜 역사를 보아도 그런 상식적인 이해는 진지하게 파고들 수 없는 것일 때가 많다는 점을 감안하면 특히 더 그렇다.

그러나 스톨자가 '물리적'이란 개념 규정과 관련해 너무 우려하지 않는 보다 근본적인 이유는 따로 있다. 그는 쟁점 자체가 인식론적 측면으로 옮겨가야 한다고 주장한다. 물리적인 것으로 환원하려고 하지 말고, 물리주의를 "그것에 반(反)하여 정신 철학 문제를 제기하고 논의하는 데 바탕이 되는 형이상학적 전제"로만 여겨야 한다는 것이다. 그 결과 "이런 사정을 새내로 이해한다면, 정신 철학지들이 관심 있는 문제에는 틀 자체가 없으며, 그만큼 형이상학적이지가 않다"라는 말이다.

스톨자는 "현대 철학에서 주로 쟁점이 되는 문제는 정신-육체 문제와 차이가 있다"며 "전통적으로 알고 있는 정신-육체 문제와 함께 과학에서 연구되거나 연구될 가능성이 있는 정신-육체 문제와도 차이가 있다"라고 주장한다. 내가 생각하는 한 가지 단서는 전통적인 문제라고 하더라도 최소한 데카르트부터 프리스틀리까지는 (그 오래된 문제에 대한 포스트 뉴턴주의 반응이 프리스틀리의 연구를 통해 정점에 이른 것으로 본다면) 충분히 과학의 범주에 들어가는 문제로 해석될 수 있다는 점이다. 스톨자는 전통적인 문제들은 "우리가 '정신에 대한 형이상

4. 자연의 신비: 얼마나 깊이 숨겨져 있는 것일까?

학'이라는 타이틀로 뭉뚱그릴 수도 있다"며, 하지만 현대 철학은 '인식의 원리", 그리고 결정적으로 "경험에 관한 논리상의 문제"와 관련이 있다고 여긴다. 그는 "물리적이라는 개념이 명확성의 최소 기준도 충족시키지 못한다"는 말이 사실일 수 있으나 그런 것은 "논리상의 문제에서 사례를 보여주는 등 중요하지 않은 역할만 한다"며, "심지어 … 물리적이라는 꽤 확실한 개념이 없는 상황에서도" 논리상의 문제가 제기될 수 있다고 주장한다.[63] 논리상의 문제는 다음의 전제에서 발생한다. (1) 경험적 진실은 존재한다. 반면에 다음 두 가지 모두 타당하다고 생각된다. (2) 모든 경험적 진실은 경험적이지 않은 일부 진실에 (의해 야기되거나) 수반되며 (3) 모든 경험적 진실이 경험적이지 않은 일부 진실에 (의해 야기되거나) 수반되는 것은 아니다. (한 가지 단서를 염두에 두고) (1)과 (2)를 택할 경우 관건은 (3)이다.

이미 설명한 대로, 뉴턴과 로크로 거슬러 올라가는 전통을 따르는 프리스틀리로서는 (3)의 전제를 받아들일 이유가 없다. 포스트 뉴턴주의적 '물질'의 속성에 대한 우리의 '지극한 무지함'이 우리로 하여금 그러지 말라고 경고를 주기 때문이다. (스톨자가 인용한) 러셀의 표현을 빌리면, 경험적 진실이 "물리적 현상에 있을 수 없는 그 어떤 본질적인 속성을 갖는다고 알려진 바가 없다. 왜냐하면 물리학이 물리적 현상에 부여하는 논리적 속성과 양립하지 못할 수 있는 본질적 속성에 대해 우리가 전혀 모르기 때문이다." 이런 관점에서 보면 논리

상의 문제는 발생하지 않는다.[64]

논리상의 문제에 대한 스톨자의 해법이자 새로운 '정신-육체 문제'는 표현이 좀 다르기는 하지만 프리스틀리나 러셀의 견해와 비슷하다. 그것은 스톨자의 '무지 가설'을 바탕으로 하며, "그 가설에 따르면 우리는 경험과 관련 있는 경험적이지 않은 진실의 유형에 대해 알지 못한다." 그래서 결과적으로 "경험에 관한 논리상의 문제"가 인식론적 바탕 위에서 풀리기 시작하는 것이다.[65] 스톨자는 다른 책에서 다음과 같은 주장을 한다. "물리적이거나 경험적이지 않은 것의 본질을 우리가 알지 못한다는 … 급진적인 시각은 정신 철학을 완전히 바꿔놓을 잠재력을 갖고 있다."[66]

스트로슨의 정리에 따르면, 불과 반세기 전까지만 해도 이해가 잘 되었던 (합리적인) 사상의 흐름이 "철학적 주류에서 거의 완전히 사라졌는데, 분석철학이 일원론을 표명하면서도 지나치게 이원론적인 직관을 수용했기 때문이다. 몇 가지 훌륭한 예외가 있지만, 경험적인 것은 물리적인 것이 될 수 없음을 알 만큼 물리적인 것을 충분히 잘 안다고 확신했다는 점에서 분석철학은 데카르트보다 더 데카르트(혹은 상상 속 '데카르트')적이었다."[67]

(2)와 관련한 단서는 우리가 경험과 무관한 진실이 있다고 그렇게 쉽게 단정하지 못한다는 것이다. 실제로 에딩턴은 그런 가정이 '우스꽝스러울' 것이라고 말했다. 일부 물리학자는 양자 이론을 근거로 그

런 결론에 이르렀다. 존 휠러John Wheeler(1911~2008, 미국의 물리학자-옮긴이)는 "최후에 남는 것"은 연구자들이 제기한 의문에 대한 응답으로서 주어지는 "약간의 정보"가 전부일 것이라고 주장했다. 헨리 피어스 스탭Henry Pierce Stapp(미국 버클리대학교 물리학 교수-옮긴이)에 따르면, "양자 이론의 실질적인 현상은 지식의 증가를 경험하는 것이다."[68] 러셀이 말한 세 가지 등급의 확실성은 회의주의에 대한 또 다른 이유를 제공한다. 최소한, '논리상의 문제'를 제기하는 것이 정당한지에 대해서도 어느 정도 신중함이 필요하다.

스톨자는 화학을 물리학으로 환원할 수 없다는 찰리 던바 브로드Charlie Dunbar Broad(1887~1971, 영국의 철학자-옮긴이)의 결론이 프랭크 잭슨의 '지식 논리'와 유사하다고 보고 무지 가설을 근거로 비판한다. 그는 브로드가 "화학적 사실이 물리적 사실에서 비롯된 결과라는 것", 즉 양자 이론에 관한 진실을 알지 못했다고 판단한다.[69] 그러나 그런 식으로 정리하면 오해의 소지가 있다. 실제로는 양자 이론 혁명으로 물리학에 급격한 변화가 일어났고, 그와 더불어 '물리적 사실'의 개념도 바뀌었기 때문이다. 내가 생각하는 좀 더 적절한 설명은, 포스트 뉴턴 시대에는 '물리적 사실'이라는 개념이 오늘날 가장 우수한 과학적 이론으로 상정할 수 있는 사실을 의미하며, 따라서 명확한 설명을 위한 수사적인 장치일 뿐 실질적인 의미를 더하는 것은 아님을 인정하는 것이다. 물리주의에 관한 쟁점이 그렇게 쉽게 사라질 리가 없다. 마르크스가 비유한 늙은 두더지처럼 계속해서 밖으로 코를 내밀며 기회를 엿보게 마련이다.

인지 능력의 진화와 언어

이보다 낮은 수준의 미스터리 중에도 고려해볼 만한 것이 있다. 특히 사람과 관련 있는 것 중 하나가 인지 능력의 진화다. 이 주제에 대해 진화 생물학자 리처드 르원틴은 우리가 알 수 있는 것이 극히 적다고 강력하게 주장했다. 왜냐하면 적어도 현대 과학에서 이해하는 측면으로 보면 구할 수 있는 증거가 없기 때문이다.[70]

이와 관련해 언어에는 근본적인 의문이 두 가지 있다. 첫 번째는 우리의 인지 체계와 감각운동 체계에서 해석 가능한 계층적 구조의 표현을 무한정 만들 수 있는 능력의 진화다. 두 번째는 이런 연산에 사용되는, 대략 어휘와 유사한 원자 같은 성분의 진화다. 두 경우 모두 인간에게만 나타나며, 아마도 언어에만 적용되는 특수한 능력인 것 같지만 최근의 연구 결과에서 드러나듯 그런 능력이 따르는 자연법칙은 훨씬 보편적인 영향력을 지닐 가능성이 있다. 나는 여기서 첫 번째 의문, 즉 생성적 구조의 진화에 대해서는 무언가 말이 될 수 있다고 생각한다. 갈수록 타당성이 높아지는 것으로 보이는 한 가지 결론은 감각운동 체계를 통한 언어의 외적 표출은 부차적인 절차이며

4. 자연의 신비: 얼마나 깊이 숨겨져 있는 것일까?

언어의 다양성과 복잡성이 발휘되는 영역이기도 하다는 것이다.

하지만 연산에 필요한 원자의 진화는 여전히 미스터리에 빠져 있는 것 같다. 그 원자를 개념으로 생각하든 어휘 성분으로 생각하든 마찬가지다. 다른 동물의 상징체계를 보면 그 상징들이 정신과 독립적으로 존재하는 현상들과 직접적으로 연결되는 것처럼 보인다. 그러나 사람의 언어에서 사용되는 상징은 전혀 그렇지 않다. 아무리 단순한 언어라도, 어휘-대상의 관계에서 그 대상이 정신과 독립적으로 존재하는 실체를 가리키는 경우가 없다. 고트로브 프레게Gottlob Frege(1848~1925, 독일의 논리학자로서 현대 논리학의 창시자-옮긴이)와 퍼스에서부터 오늘날의 현상론자들에게 익숙한 엄밀한 의미에서의 지칭 관계는 존재하지 않는다. 그보다는 17, 18세기 인지혁명 당시의 접근법이나 샤프츠베리Shaftesbury(1671~1713, 영국의 철학자-옮긴이)와 흄의 결론을 수용해야 할 것으로 보인다. 두 사람은 지칭에 사용되는 언어학적 성분에 '속하는 독특한 성격'이 외재적이거나 정신과 독립적으로 존재하는 것이 아니라고 판단했다. 오히려 게슈탈트 속성과 인과, '공통된 목표'를 향한 '부분의 조화', 심리적 연속성, 그밖에 다른 정신적 속성을 포함하는 여러 가지 관점의 집합체라고 보았다. 흄의 표현을 그대로 옮기면, "우리가" 채소나, 동물, 인공물, 혹은 "사람의 정신"에 "속한다고 생각하는 정체성", 즉 각각에 개성을 부여하는 일련의 속성이 그저 "지어낸 것"에 불과하다. 그가 추종하는 17세기

촘스키, 인간이란 어떤 존재인가

선조들이 명명한 바에 따르면 우리의 "인식력"이 구축한 허구라는 것이다. 그렇다고 해도 대부분이 인식력을 공유하고 있음을 감안하면, 의사소통이라는 특별한 경우를 포함해 상호작용에는 전혀 걸림돌이 되지 않는다.

이런 측면에서 보면 오히려 어휘에서 의미를 나타내는 속성이 소리를 나타내는 속성과 유사성이 있는 것 같다. 누구도 [ba]라는 중간 음절에 상응하는 대상이 우리의 정신과 독립적으로 존재하며, 그것은 아마도 분자들의 운동으로 만들어져, 내가 [ba]라고 말하고 당신이 그것을 듣는 순간에 선택되는 것이라고 믿을 정도로 착각에 빠지지는 않는다. 그럼에도 상호작용은 지속되며, 어제나 맞고 틀리고의 문제가 아니라 잘 통하고 덜 통하고의 문제다.[71]

이 주제에 관해서는 할 이야기가 많지만, 이 경우에도 "지나치게 이원론적인 직관"과 더불어 "경험적인 것은 물리적인 것이 될 수 없음을 알 만큼 물리학에 대해 잘 안다는 확신"을 삼가야 한다는 스트로슨의 결론과 "급진적인 관점"을 진지하게 받아들이면 정신과 언어철학에 변화를 일으킬 것이라는 스톨자의 제안에서 배울 점이 있으리라는 언급만 하고 넘어가겠다.

마지막으로 데카르트 학문의 핵심 사례인 인간의 언어로 돌아오면, 내적 본질에 대해 "화학처럼" 이해하라는 가상디의 충고를 따른 연구들이 어느 정도 성공을 거두고 있다. 그러나 데카르트주의자들이 고민했던 것은 그것이 아니라 언어의 창의적인 사용이었다. 나중에 훔볼트는 이것을 "유한한 수단의 무한한 사용"이라고 표현하고 '사용'에 강조점을 두기도 했다.[72]

특수한 조건 하에서 언어를 사용할 때의 인식에 대한 흥미로운 연구가 있다. 신그라이스주의 화용론(neo-Gricean pragmatics, 자연스러운 대화를 이어나가기 위해 지켜야 할 네 가지 대화 격률Gricean maxims을 제안한 언어철학자 폴 그라이스의 이론을 적절히 수정하여 화용론으로 발전시킨 이론이다 – 옮긴이)처럼 유용한 정보를 제공하려는 의도가 분명하지만, 일반적인 언어 사용에 얼마나 적용될 수 있는지가 조금도 분명하지 않다. 게다가 어떤 경우에도 창의적인 사용에 관한 데카르트주의자들의 고민에 다가가지 못하는 터라, 그 고민은 수세기 전과 마찬가지로 지금도 많은 부분이 미스터리로 남아 있다. 아마도 인간의 지능으로는 절대 꿰뚫지 못하고 영원히 알 수 없는 상태로 남게 될 궁극적인 비밀 중 하나로 판명될 것이다.

서문

1 모든 참고문헌에 대해서는 인용문을 가져온 각 장을 참조하는 것이 좋겠다. 촘스키는 언어와 사고의 관계에 대해 과거에 비해서는 훨씬 밀접하다고 생각하지만, 홈볼트처럼 둘 사이가 "일치"할 정도로 강력한 관계라고 주장할 필요까지는 없다고 생각한다. 촘스키가 언급하는 데카르트와 다윈도 그렇게까지 멀리 나아가지는 않았다.

2 촘스키는 I-언어에 반대되는 개념으로 E-언어를 언급하지만, E-언어라는 개념의 일관성에 의문을 갖고, 그런 것이 존재하는지조차도 의심한다. 그는 여러 편의 소론에서 철학자들이 E-언어에 대해 설명할 때 그 일관성과 관련해 상정하는 가장 기본적인 전제들을 비판한다.

3 뇌와 관련한 궁극의 설명을 목표로 지금은 추상하는 수준에서 연구한다는 주장을 할 때 촘스키는 과학적인 언어 연구의 이런 접근법이 곤충의 비행 연구와 조금도 다르지 않다는 점을 강조한다. 그는 다른 저서에서, 생물학적 근거를 탐구했더라면 거두었을지도 모르는 일부 성과에 대해 언급하면서, 뇌 과학자들이 연구 목적과 관련해 근본적으로 잘못된 전제를 세운 경우도 있을 것이라고 지적한다. 이에 대해서는 2장에서 참조한 찰스 갤리스텔Charles Gallistel의 연구가 도움이 될 것이다.

4 이 사례는 철학자 캐롤 로베인이 알려준 것이다. 더 자세한 내용은 Carol Rovane and Akeel Bilgrami, "Mind, Language, and the Limits of Inquiry," in *The Cambridge Companion to Chomsky*, ed. James McGilvray (Cambridge: Cambridge University Press, 2005), 181-203 참조.

5 이 말의 단서는 촘스키가 2장 마지막 부분에서 생물학적인 이유, 특히 자연선택설에 기초한 진화 가능성에 호소하는 퍼스의 논리를 살펴본다(그리고 완전한 오류임을 발견한다)는 점이다. 이 내용을 보면 용인되는 가설과 그것에 부과되는 한계에 관한 자신의 방법론적 주장이 우

리의 생물학적 특성 때문이라고 봐야하는지에 대해 퍼스 스스로도 다소 불확실한 입장이었음을 알 수 있다.

6 뉴턴 이전에는 윌리엄 페티William Petty 등이 운동을 "어려운 문제"라고 생각했다.

7 촘스키는 이미 수십 년 전에 처음으로 애덤 스미스의 이런 견해를 강조했다. 애덤 스미스의 이같은 입장이 최근에는 엠마 로스차일드Emma Rothschild의 학식과 아마르티아 센Amartya Sen의 해석을 통해 세세한 부분까지 연구가 되고 있다.

8 국가가 정당화될 수 있는 이유로 소외되고 피폐해진 인간뿐만 아니라 모든 인간을 그들의 어리석음과 불운, 예컨대 환경 문제나 좀 더 보편적으로는 자본주의 사회를 괴롭히는 문화적 폐해와 심리적 외로움(한마디로 '소외' 문제)으로부터 보호해 주리라는 점을 더할 수도 있다.

1장

1 찰스 다윈,《인간의 유래The Descent of Man》, 1권

2 Ian Tattersall, *Masters of the Planet: The Search for Our Human Origins* (New York: Palgrave Macmillan, 2012), xi.

3 E-언어는 내가 만든 말이다. 노엄 촘스키,《언어지식Knowledge of Language: Its Nature, Origin, and Use》참조. 그런데 I-언어를 제외한 다른 모든 언어 개념과 마찬가지로 뚜렷한 의미가 거의 없다.

4 오해가 빚어지는 한 가지 이유는 과거 연구에서 '언어'를 정의할 때 약한 생성이라는 관점에서 설명을 늘어놓는 방식이 많았기 때문일 것이다. 그 설명으로 인해 언어 사용법이 적절한지는 금세 판단할 수 있었다.

5 페르디낭 드 소쉬르,《일반언어학 강의Course in General Linguistics》; 레너드 블룸필드, "Philosophical Aspects of Language"(1942), in *A Leonard Bloomfield Anthology*, ed. Charles F. Hockett (Bloomington: Indiana University Press, 1970), 267-70; Bloomfield, *A Set of Postulates for the Science of Language* (Indianapolis: Bobbs-Merrill, 1926); Bloomield, "A Set of Postulates for the Science of Language," *Language* 2, no. 3 (1926): 153-64; William Dwight Whitney, *The Life and Growth of Language: An Outline of Linguistic Science* (London: King, 1875); Edward Sapir, *Language: An Introduction to the Study of Speech* (New York: Harcourt, Brace, 1921), 8.

6 Martin Joos, comments in *Readings in Linguistics: The Development of Descriptive Linguistics in America Since* 1925, ed. Martin Joos (Washington, D.C.: American Council of Learned Societies, 1958).

7 Zellig Harris, *Methods in Structural Linguistics* (Chicago: University of Chicago Press, 1951).

8 내 생각에는 이 현대적인 버전이 오히려 해리스의 체계보다 퇴보한 표현이다. 능력과 운용, 거

칠게 말하면 우리가 아는 것과 행동으로 옮기는 것에는 근본적인 차이가 있음에도 불구하고 이 두 가지를 혼동하고 있기 때문이다. 해리스의 체계에서는 그러지 않았다.

9 Dan Dediu and Stephen C. Levinson, "On the Antiquity of Language: The Reinterpretation of Neandertal Linguistic Capacities and Its Consequences," *Frontiers in Psychology* 4, no. 397 (2013): 1-17, doi:10.3389/fpsyg.2013.00397.

10 갈릴레오 갈릴레이,《대화: 천동설과 지동설 두 체계에 관하여Dialogue Concerning the Two Chief World Systems》, "첫째 날의 대화" 끝부분.

11 관련 도서나 논의는 다음 책 참조. Noam Chomsky, *Cartesian Linguistics: A Chapter in the History of Rationalist Thought*, 3rd ed., ed., with introduction, James McGilvray (Cambridge: Cambridge University Press, 2009).

12 Wilhelm von Humboldt, *On Language: On the Diversity of Human Language Construction and Its Influence on the Mental Development of the Human Species*, trans. Peter Heath (1836; New York: Cambridge University Press, 1988), 91.

13 Otto Jespersen, *The Philosophy of Grammar* (New York: Holt, 1924).

14 Mariacristina Musso et al., "Broca's Area and the Language Instinct," *Nature Neuroscience* 4 (2003): 774-81, doi:10.1038/nn1077.

15 Neil Smith, *Chomsky: Ideas and Ideals*, 2nd ed. (Cambridge: Cambridge University Press, 2004), 136. Neil Smith and Ianthi-Maria Tsimpli, *The Mind of a Savant: Language Learning and Modularity* (Cambridge: Blackwell, 1995).

16 Robert C. Berwick, Paul Pietroski, Beracah Yankama, and Noam Chomsky, "Poverty of the Stimulus Revisited," *Cognitive Science* 35, no.7 (2011): 1207-42, doi:10.1111/j.1551-6709.2011.01189.x.

17 W. Tecumseh Fitch, "Speech Perception: A Language-Trained Chimpanzee Weighs In," *Current Biology* 21, no. 14 (2011): R543-46, doi:10.1016/j.cub.2011.06.035.

18 Charles Fernyhough, "The Voices Within: The Power of Talking to Yourself," *New Scientist*, June 3, 2013, 32-35.

19 William Uzgalis, "John Locke," in *The Stanford Encyclopedia of Philosophy* (Fall 2012 ed.), ed. Edward N. Zalta, http://plato.stanford.edu/archives/fall2012/entries/locke/.

20 Tue Trinh, "A Constraint on Copy Deletion," *Theoretical Linguistics* 35, nos. 2-3 (2009): 183-227. 여기서 논의하지 않고 넘어가는 주제들이 몇 가지 더 있다. 다양한 문제를 제기하는 것들인데, 그 중 하나인 "잠복 연산covert operations"에서는 처음으로 병합된 복사만 표출이 된다.

21 Patricia S. Churchland, foreword to W. V. O. Quine, *Word and Object* (1960; repr., Cambridge, Mass.: MIT Press, 2013), xiii.

22 Luigi Rizzi, *Issues in Italian Syntax* (Dordrecht: Foris, 1982).

2장

1 Owen Flanagan, *The Science of the Mind*, 2nd ed. (Cambridge, Mass.: MIT Press, 1991), 313. "New Mysterianism"에 대한 위키피디아 내용도 참조. http://en.wikipedia.org/wiki/New_Mysterianism.

2 Noam Chomsky, "Problems and Mysteries in the Study of Human Language," in *Language in Focus: Foundations, Methods and Systems: Essays in Memory of Yehoshua Bar-Hillel*, ed. Asa Kasher (Boston: Reidel, 1976), 281-358. 더 자세한 내용은 Chomsky, *Reflections on Language* (New York: Pantheon, 1975), chap. 4.

3 노엄 촘스키,《언어와 정신Language and Mind》.

4 마이클 D. 거숀,《제2의 뇌The Second Brain》.

5 이 주제에 관한 더 많은 이야기와 몇 가지 다른 문제는 4장 참조.

6 Bertrand Russell, *The Analysis of Matter* (New York: Harcourt, Brace, 1927), chap. 37; C. I. Lewis, *Mind and the World-Order: Outline of a Theory of Knowledge* (New York: Scribner, 1929).

7 Galen Strawson, *The Evident Connexion: Hume on Personal Identity* (Oxford: Oxford University Press, 2011), 56.

8 위의 책, part 3.

9 John Locke, "Mr. Locke's Reply to the Bishop of Worcester's [Edward Stillingfleet] Answer to his Second Letter," in *The Works of John Locke in Nine Volumes*, 12th ed. (London: Rivington, 1824), 3:191, http://oll.libertyfund.org/titles/1724, discussed in Andrew Janiak, *Newton as Philosopher* (Cambridge: Cambridge University Press, 2008), 121.

10 Janiak, *Newton as Philosopher*, 9-10, 39.

11 '로크의 제안'과 그것이 18세기에 어떻게 발전하여 프리스틀리의 중요한 저작에서 정점을 이루는지에 대해서는 이 책의 4장과 다음 책 참조. John W. Yolton, *Thinking Matter: Materialism in Eighteenth-Century Britain* (Minneapolis: University of Minnesota Press, 1983).

12 Charles Darwin, Notebook C166, 1838, in *Charles Darwin's Notebooks*, 1836-1844: *Geology, Transmutation of Species, Metaphysical Enquiries*, ed. Paul H. Barrett et al. (Cambridge: Cambridge University Press, 1987), 291, http://darwin-online.org.uk/content/frameset?viewtype=image&itemID =CUL-DAR122.-&keywords=brain+the+of+secretion&pageseq=148.

13 Paul Churchland, "Betty Crocker's Theory," review of *The Rediscovery of the Mind*, by John R. Searle, *London Review of Books*, May 12, 1994, 13-14. 처칠랜드는 설의 관점을 데카르트의 관점과 연결시키는데, 그 방법이 아주 명확한 건 아니다. 기계론적 철학과 그 운명을 잘못 이해한 것이 이유 중 하나다. 프리스틀리와 다른 학자들에 대해서는 이 책 4장과 다음 책 참조. Yolton, *Thinking Matter*.

14 Vernon B. Mountcastle, "Brain Science at the Century's Ebb," in "The Brain," special issue, *Dædalus* 127, no. 2 (1998): 1.

15 Charles R. Gallistel and Adam Philip King, *Memory and the Computational Brain: Why Cognitive Science Will Transform Neuroscience* (Malden, Mass.: Wiley-Blackwell, 2009).

16 Thomas Nagel, "The Core of 'Mind and Cosmos,'" *New York Tmies*, August 18, 2013; Nagel, *Mind and Cosmos: Why the Materialist Neo-Darwinian Conception of Nature Is Almost Certainly False* (New York: Oxford University Press, 2012).

17 David Hume, *The History of England* (1756), 6:chap. 71.

18 Udo Thiel, *The Early Modern Subject: Self-Consciousness and Personal Identity from Descartes to Hume* (Oxford: Oxford University Press, 2011).

19 Donald D. Hoffman, *Visual Intelligence: How We Create What We See* (New York: Norton, 1998), 159.

20 Richard Lewontin, "The Evolution of Cognition: Questions We Will Never Answer," in *An Invitation to Cognitive Science*, vol. 4, *Methods, Models, and Conceptual Issues*, ed. Don Scarborough and Saul Sternberg, 2nd ed. (Cambridge, Mass.: MIT Press, 1998), 108-32.

21 Marc Hauser et al., "The Mystery of Language Evolution," *Frontiers in Psychology* 5, no. 401 (2014): 1-12, doi:10.3389/fpsyg.2014004oi.

22 Laura-Ann Petitto, "How the Brain Begets Language," in *The Cambridge Companion to Chomsky*, ed. James McGilvray (Cambridge: Cambridge University Press, 2005), 86.

23 Peter Strawson, "On Referring," *Mind* 59, no. 235 (1950): 320-44; Julius Moravcsik, "Aitia as Generative Factor in Aristotle' Philosophy," *Dialogue* 14 no. 4 (1975): 622-36; Akeel Bilgrami, *Belief and Meaning: The Unity and Locality of Mental Content* (Oxford: Blackwell, 1992).

24 아리스토텔레스, 《형이상학Metaphysics》; 《영혼에 관하여De Anima》.

25 Noam Chomsky, "Notes on Denotation and Denoting," in *From Grammar to Meaning: The Spontaneous Logicality of Language*, ed. Ivano Caponigro and Carlo Cecchetto (Cambridge: Cambridge University Press, 2013), 38-45, 그 외 여기에 언급된 출처

들.

26 Ben Lazare Mijuskovic, *The Achilles of Rationalist Arguments* (The Hague: Nijhoff, 1974)에서 재인용.

27 존 로크, 《인간오성론An Essay Concerning Human Understanding》.

28 여성에 관해서는 Linda K. Kerber, "Why Diamonds Really Are a Girl's Best Friend: Anotller American Narrative," *Dredalus* 141, no. 1 (2012): 89-100; *Taylor v. Louisiana*, 419 U.S. 522 (1975) 참조. 아프리카계 미국인에 대해서는 Douglas Blackmon, *Slavery by Another Name: The Re-Enslavement of Black Americans from the Civil War to World War II* (New York: Doubleday, 2008); Michelle L. Alexander, *The New Jim Crow: Mass Incarceration in the Age of Colorblindness*, rev. ed. (New York: New Press, 2012) 참조. 외국인에 대해서는 *Rasul v. Myers*, Court of Appeals, District of Columbia Circuit, January 2008, April 2009 참조. 기업에 대해서는 노엄 촘스키, 《촘스키, 희망을 묻다 전망에 답하다Hopes and Prospects》; David Ellerman, "Workplace Democracy and Human Development: The Example of the Postsocialist Transition Debate," *Journal of Speculative Philosophy* 24, no. 4 (2010): 333-53 참조.

29 Dagfinn Føllesdal, "Indeterminacy and Mental States," in *Perspectives on Quine*, ed. Robert Barrett and Roger Gibson (Cambridge: Blackwell, 1990), 98-109.

30 Charles R. Gallistel, "Representations in Animal Cognition: An Introduction," *Cognition* 37, nos. 1-2(1990):1-22.

31 Daniel C. Dennett, "Sakes and Dints," *Times Literary Supplement*, March 2, 2012.

32 Noam Chomsky, "Derivation by Phase," in *Ken Hale: A Life in Language*, ed. Michael J. Kenstowicz (Cambridge, Mass.: MIT Press, 2001), 1-52.

33 Thiel, *Early Modern Subject*.

34 콜린 맥긴Colin McGinn이 여러 권의 책과 논문에서 탐구했던 주제다. 그 중에 다음 책도 있다. *Basic Structures of Reality: Essays in Meta-Physics* (New York: Oxford University Press, 2011).

35 Susan Carey, *The Origin of Concepts* (Oxford: Oxford University Press, 2011).

36 4장 참조.

37 David Hilbert, "Logic and the Knowledge of Nature" (1930), in *From Kant to Hilbert: A Source Book in the Foundations of Mathematics*, ed. William B. Ewald (New York: Oxford University Press, 2005), 2:1157-65. 이 참고문헌은 리처드 라슨Richard Larson의 도움을 받았다.

38 David Deutsch, *The Beginning of Infinity: Explanations That Transform the World* (New York: Viking, 2011); David Albert, "Explaining It All: How We Became the Cen-

ter of the Universe," *New York Times*, August 12, 2011.

39 촘스키,《언어와 정신》.

40 Juan Huarte de San Juan, *Examen de ingenios para las ciencias* (The examination of men's wits; 1575–1594). Noam Chomsky, *Cartesian Linguistics: A Chapter in the History of Rationalist Thought*, 3rd ed., ed., with introduction, James McGilvray (Cambridge: Cambridge University Press).

3장

1 애덤 스미스,《국부론An Inquiry into the Nature and Causes of the Wealth of Nations》, ed. Edwin Cannan (1776; Chicago: University of Chicago Press, 1976), book 5, chap. 1, part 3, art. 2 (ii, 302–3).

2 애덤 스미스,《도덕감정론The Theory of Moral Sentiments》.

3 Rudolf Rocker, *Anarcho-Syndicalism: Theory and Practice* (London: Secker and Warburg, 1938).

4 Nathan Schneider, "Introduction: Anarcho-Curious? Or, Anarchist America," in *On Anarchism* , by Noam Chomsky (New York: New Press, 2013), xi.

5 United States Army, School of the Americas, May 1999, cited in Adam Isacson and Joy Olson, *Just the Facts: A Civilian's Guide to U.S. Defense and Security Assistance to Latin America and the Caribbean* (Washington, D.C.: Latin America Working Group, 1999).

6 John H. Coatsworth, "The Cold War in Central America, 1975–1991," in *The Cambridge History of the Cold War*, vol. 3, Endings, ed. Melvyn P. Leffler and Odd Arne Westad (Cambridge: Cambridge University Press, 2010), 221.

7 David Ellerman, *Property and Contract in Economics: The Case for Economic Democracy* (Cambridge: Blackwell, 1992).

8 Biorn Maybury-Lewis, *The Politics of the Possible: The Brazilian Rural Workers' Trade Union Movement*, 1964–1985 (Philadelphia: Temple University Press, 1994).

9 Martin Gilens, *Affluence and Influence: Economic Inequality and Political Power in America* (Princeton, N.J.: Princeton University Press, 2012); Larry M. Bartels, *Unequal Democracy: The Political Economy of the New Gilded Age* (Princeton, N.J.: Princeton University Press, 2010).

10 Elizabeth Rosenthal, "Health Care's Road to Ruin," *New York Times*, December 21, 2013; Gardiner Harris, "In American Health Care, Drug Shortages Are Chronic," *New York Times*, October 31, 2004.

11 Kaiser Health Tracking Poll, April 2009. 여론조사에 대해서는 노엄 촘스키, 《촘스키, 실패한 국가 미국을 말하다 Failed States: The Abuse of Power and the Assault on Democracy》 6장 참조. 헌법에서 보장하는 권리에 대해서는 Robert H. Wiebe, *Self-Rule: A Cultural History of American Democracy* (Chicago: University of Chicago Press, 1995), 239 참조.

12 Conor Gearty, *Liberty and Security* (Malden, Mass.: Polity, 2013).

13 Robert B. Westbrook, *John Dewey and American Democracy* (Ithaca, N.Y.: Cornell University Press, 1991)에 실린 인용구들.

14 밀과 관련된 더 많은 내용은 David Ellerman, "Workplace Democracy and Human Development: The Example of the Postsocialist Transition Debate," *Journal of Speculative Philosophy* 24, no. 4 (2010): 333-53 참조.

15 Norman Ware, *The Industrial Worker*, 1840-1860: *The Reaction of the American Industrial Society to the Advance of the Industrial Revolution* (1924; repr., Chicago: Quadrangle Books, 1964).

16 여러 자료 중에서도 다음 책을 보길 권한다. Lawrence Goodwyn, *The Populist Moment: A Short History of the Agrarian Revolt in America* (New York: Oxford University Press, 1978).

17 Jonathan Rose, *The Intellectual Life of the British Working Classes* (New Haven, Conn.: Yale University Press, 2002).

18 Walter Lippmann, *The Phantom Public*, in *The Essential Lippmann: A Political Philosophy for Liberal Democracy*, ed. Clinton Rossiter and James Lare (Cambridge, Mass.: Harvard University Press, 1982), 91-92; Edward Bernays, *Propaganda* (New York: Liveright, 1928); Harold Lasswell, "Propaganda," in *Encyclopedia of the Social Sciences*, ed. Edwin Seligman (New York: Macmillan, 1937); Michel J. Crozier, Samuel P. Huntington, and Joji Watanuki, *The Crisis of Democracy: Report on the Governability of Democracies to the Trilaterial Commission* (New York: New York University Press, 1975).

19 Jonathan Elliot, ed., *The Debates in the Several State Conventions on the Adoption of the Federal Constitution*, 1787, http://oll.libertyfund.org/titles/1904. 매디슨에 대한 더 많은 언급과 자료는 Noam Chomsky, "Consent Without Consent: Reflections on the Theory and Practice of Democracy," *Cleveland State Law Review* 44, no. 4 (1996): 415-37 참조.

20 John Foster Dulles, telephone call to Allen Dulles, June 19, 1958, "Minutes of Telephone Conversations of John Foster Dulles and Christian Herter," Eisenhower Presidential Library, Museum, and Boyhood Home, Abilene, Kansas.

21 Lance Banning, *The Sacred Fire of Liberty: James Madison and the Founding of the Federal Republic* (Ithaca, N.Y.: Cornell University Press, 1995), 245, citing Gordon S. Wood, *The Creation of the American Republic*, 1776–1787 (Chapel Hill: University of North Carolina Press, 1969).

22 Banning, *Sacred Fire of Liberty*, 333.

23 Christopher Hill, *The World Turned Upside Down: Radical Ideas During the English Revolution* (New York: Penguin, 1975), 60.

24 Charles Sellers, *The Market Revolution: Jacksonian America*, 1815–1846 (New York: Oxford University Press, 1991), 269–70에서 인용.

4장

1 David Hume, *The History of England* (1756), 6: chap. 71; 존 로크, 《인간오성론》. 로크의 논리가 흄의 논리와 일치하는 것은 아니다. 그는 "감각과 감상으로부터 얻는 단순한 생각"의 한계로 인해 육체나 정신(영혼)의 본질을 이해하지 못한다고 보았다.

2 Renée Baillargeon, "Innate Ideas Revisited: For a Principle of Persistence in Infants' Physical Reasoning," *Perspectives on Psychological Science* 3 (2008): 2–13.

3 I. Bernard Cohen, *Revolution in Science* (Cambridge, Mass.: Harvard University Press, 1985), 155.

4 Ernan McMullin, *Newton on Matter and Activity* (Notre Dame, Ind.: Notre Dame University Press, 1978), 52ff. 맥멀린은 뉴턴이 '기계적', '정신' 등의 용어 사용을 주저했기 때문에 "그를 '기계론적 철학'의 주창자로 여기는 것은… 오해의 소지가 있다"(73)라고 판단한다.

5 로크, 《인간오성론》; 다음 책에 인용된 Edward Stillingfleet와 주고받은 서신. Ben Lazare Mijuskovic, *The Achilles of Rationalist Arguments* (The Hague: Nijhoff, 1974), 73. 18세기에 "로크의 의견"이 어떻게 발달해 조지프 프리스틀리의 연구에서 정점을 이루게 되는지는 John Yolton, *Thinking Matter: Materialism in Eighteenth-Century Britain* (Minneapolis: University of Minnesota Press, 1983) 참조.

6 Pierre-Jean-George Cabanis, *On the Relations Between the Physical and Moral Aspects of Man*, vol. 1 (1802; Baltimore: Johns Hopkins University Press, 1981).

7 V. S. Ramachandran and Sandra Blakeslee, *Phantoms in the Brain: Probing the Mysteries of the Human Mind* (New York: Morrow, 1998), 227에서 재인용.

8 Isaac Newton, *Principia*, General Scholium (1713).

9 E. J. Dijksterhuis, *The Mechanization of the World Picture: Pythagoras to Newton*, trans. C. Dikshoorn (Oxford: Clarendon Press, 1961; repr., Princeton, N.J.: Princeton University Press, 1986), 479–80.

10 위의 책, 488; Isaac Newton to Richard Bentley, 1693, in *Newton: Philosophical Writings*, ed. Andrew Janiak (Cambridge: Cambridge University Press, 2004), 102-3.

11 더 자세한 분석은 McMullin, *Newton on Matter and Activity*, chap. 3 참조.

12 Thomas Nagel, "Searle: Why We Are Not Computers," in *Other Minds: Critical Essays*, 1969-1994 (New York: Oxford University Press, 1995), 106.

13 "설명할 수 없는 간극"에 대한 다양한 관점은 Galen Strawson et al., *Consciousness and Its Place in Nature: Does Physicalism Entail Panpsychism?*, ed. Anthony Freeman (Charlottesville, Va.: Imprint Academic, 2006) 참조.

14 토마스 쿤, 《코페르니쿠스 혁명The Copernican Revolution: Planetary Astronomy in the Development of Western Thought》; Heinrich Hertz, quoted in McMullin, *Newton on Matter and Activity*, 124.

15 Dijksterhuis, *Mechanization of the World Picture*, 489.

16 Richard H. Popkin, *The History of Scepticism from Erasmus to Spinoza* (Berkeley: University of California Press, 1979), 139-40, 213.

17 Bertrand Russell, *Analysis of Matter* (New York: Harcourt, Brace, 1927; repr., New York: Dover, 1954), 18-19, 162.

18 Paul Dirac, *Principles of Quantum Mechanics* (Oxford: Clarendon Press, 1930), 10. 이 참고도서는 존 프램턴John Frampton의 도움을 받았다.

19 Peter Machamer, "Introduction" and "Galileo's Machines, His Mathematics, and His Experiments," in *The Cambridge Companion to Galileo*, ed. Peter Machamer (Cambridge: Cambridge University Press, 1998), 17, 69.

20 Pietro Redondi, "From Galileo to Augustine," 위의 책, 175-210.

21 Daniel Stoljar, *Ignorance and Imagination: The Epistemic Origin of the Problem of Consciousness* (Oxford: Oxford University Press, 2006). 뉴턴이 물질과 운동에 관한 문제를 해결할 과학적(즉 기계론적) 방법이 있을 것이라고 희망을 가졌던 점을 기억하자.

22 이 주제에 관해서는 Noam Chomsky, *Cartesian Linguistics: A Chapter in the History of Rationalist Thought*, 3rd ed., ed., with introduction, James McGilvray (Cambridge: Cambridge University Press, 2009); and Chomsky, *Language and Mind* (New York: Harcourt, Brace & World, 1968), chap. 1 참조. "다른 정신"을 주제로 한 제로 드 코르드무아 등의 실험에서 알 수 있듯이 그들의 관심 범위는 자유 행위의 미결정성에 국한되지 않는다.

23 René Descartes to Queen Christina of Sweden, 1647, in *Principia Philosophiæ*, vol. 8 of *Oeuvres de Descartes*, ed. Charles Adam and Paul Tannery (Paris: Cerf, 1905). 이에 대한 논의는 Tad Schmaltz, *Malebranche's Theory of the Soul: A Cartesian Interpretation* (New York: Oxford University Press, 1996), 204ff 참조.

24 Noam Chomsky, "Turing on the 'Imitation Game,'" in *The Turing Test: Verbal Behavior as the Hallmark of Intelligence*, ed. Stuart Schieber (Cambridge, Mass.: MIT Press, 2004), 317-21.

25 Desmond Clarke, *Descartes's Theory of Mind* (Oxford: Clarendon Press, 2003), 12. Margaret Wilson, *Descartes* (Boston: Routledge and Kegan Paul, 1978), 2에서 인용한 다음 글도 보길 바란다. Rene Descartes to Marin Mersenne, 1641, on the goal of the *Meditations*.

26 Clarke, *Descartes's Theory of Mind*, 258.

27 Nancy Kanwisher and Paul Downing, "Separating the Wheat from the Chaff," *Science*, October 2, 1998, 57-58; Newton, General Scholium.

28 Eric R. Kandel and Larry R. Squire, "Neuroscience," *Science*, November 10, 2000, 1113-20.

29 Charles R. Gallistel, "Neurons and Memory," in *Conversations in the Cognitive Neurosciences*, ed. Michael S. Gazzaniga (Cambridge, Mass.: MIT Press, 1997), 71-89; Gallistel, "Symbolic Processes in the Insect Brain," in *An Invitation to Cognitive Science*, vol. 4, *Methods, Models, and Conceptual Issues*, ed. Don Scarborough and Saul Sternberg, 2nd ed. (Cambridge, Mass.: MIT Press, 1998), 1-51.

30 Semir Zeki, "Art and the Brain," *Daedalus* 127, no. 2 (1998): 71-104.

31 Nagel, "Searle," 106. "신경계와 나머지 다른 기관을 논리적으로 뚜렷하게 구분하는 태도"에 주의를 당부하는 언급은 다음 글 참조. Charles Rockland, "The Nematode as a Model Complex System" (working paper [LIDS-WP-1865], Laboratory for Information and Decisions Systems, MIT, April 14, 1989), 30.

32 John Henry, "Occult Qualities and the Experimental Philosophy: Active Principles in Pre-Newtonian Matter Theory," *History of Science* 24 (1986): 335-81; Alan Kors, "The Atheism of D'Holbach and Naigeon," in *Atheism from the Reformation to the Enlightenment*, ed. Michael Hunger and David Wootton (Oxford: Clarendon Press, 1992), 273-300; 로크, 《인간오성론》; Yolton, *Thinking Matter*, 199. 볼테르와 칸트에 대해서는 다음 책 참조. McMullin, *Newton on Matter and Activity*, 113, 122-23 (from Kant, *Metaphysical Foundations of Natural Science* [1786]); Michael Friedman, "Kant and Newton: Why Gravity Is Essential to Matter," in *Philosophical Perspectives on Newtonian Science*, ed. Phillip Bricker and R. I. G. Hughes (Cambridge, Mass.: MIT Press, 1990), 185-202; Howard Stein, "On Locke, 'the Great Huygenius, and the Incomparable Mr. Newton,'" in ibid., 17-48. 프리드먼은 뉴턴과 칸트 사이에는 모순이 없다고 주장한다. 왜냐하면 칸트는 뉴턴의 형이상학을 버리고 자기 나름의 '코페르니쿠스적 변화를 겪은 형이상학' 안에서 인식론적인 논리를 만들었다는 점에서 두 사람이 말하는 '본질적'이라는 의미가 서로

다르기 때문이다.

33 Friedrich Lange, *Geschichte des Materialismus und Kritik seiner Bedeutung in der Gegenwart* (1865), 3rd expanded ed. translated as *The History of Materialism and Criticism of Its Present Importance* (London: Kegan Paul, Trench, Trubner, 1925).

34 Alexandre Koyré, *From the Closed World to the Infinite Universe* (Baltimore: Johns Hopkins University Press, 1958), 210.

35 George V. Coyne, "The Scientific Venture and Materialism: False Premises," in *Space or Spaces as Paradigms of Mental Categories* (Milan: Fondazione Carlo Erba, 2000), 7–19.

36 Russell, *Analysis of Matter*, chap. 37. 러셀은 인지적 측면에서 지각된 것이 어떻게 "세상의 인과관계를 알려주는 뼈대"로 이해가 되는지에 대해서는 밝히지 않아 수학자인 맥스 뉴먼 Max Newman의 반론에 부딪쳤다.(Russell to Newman, April 24, 1928, in *The Autobiography of Bertrand Russell*, vol. 2, 1914–1944 [Boston: Little Brown, 1967]).

37 Democritus, quoted in Erwin Schrödinger, *Nature and the Greeks* (Cambridge: Cambridge University Press, 1954), 89. 이 참고문헌은 장 브리몽Jean Bricmont의 도움을 받았다.

38 Daniel Stoljar and Yujin Nagasawa, "Introduction," in *There's Something About Mary: Essays on Phenomenal Consciousness and Frank Jackson's Knowledge Argument*, ed. Peter Ludlow, Yujin Nagasawa, and Daniel Stoljar (Cambridge, Mass.: MIT Press, 2004), 1–36.

39 흄에 대해서는 John Mikhail, "Rawls' Linguistic Analogy: A Study of the 'Generative Grammar' Model of Moral Theory Described by John Rawls in A Theory of Justice" (Ph.D. diss., Cornell University, 2000); Mikhail, *Elements of Moral Cognition: Rawls' Linguistic Analogy and the Cognitive Science of Moral and Legal Judgment* (Cambridge: Cambridge University Press, 2011); and Mikhail, "Universal Moral Grammar: Theory, Evidence, and the Future," *Trends in Cognitive Sciences* 11, no. 4 (2007): 143–52 참조. '의식으로의 접근 가능성' 이론의 부당성(과 논리적 결함)에 대해서는 다음 책 참조. Noam Chomsky, *Reflections on Language* (New York: Pantheon, 1975); Chomsky, *Rules and Representations* (New York: Columbia University Press, 1980); and Chomsky, *New Horizons in the Study of Language and Mind* (Cambridge: Cambridge University Press, 2000). 의식할 수 없는 시각적 인식의 법칙을 흥미로운 사례를 통해 보여주는 연구는 Donald D. Hoffman, *Visual Intelligence: How We Create What We See* (New York: Norton, 1998).

40 Frank Jackson, "What Mary Didn't Know" and "Postscript," in *There's Something About Mary*, ed. Ludlow, Nagasawa, and Stoljar, xv–xix, 410–42.

41 Charles S. Peirce, "The Logic of Abduction," in *Essays in the Philosophy of Science*, ed. V. Tomas (New York: Liberal Arts Press, 1957). 자연선택설에 호소함으로써 우리의 '추리 본능'이 참된 이론으로 이끌어 준다는 허황된 (믿기 어려운) 결론에 이른 퍼스의 주장과 오류에 대해서는 Chomsky, *Language and Mind*, 90ff 참조.

42 Wilson, *Descartes*, 95에서 재인용.

43 데이비드 흄,《인간 이해력에 관한 탐구An Inquiry Concerning Human Understanding》. 과학과 철학이 분리되기 전에는 꽤 명확했던 한 가지 연구 주제가 근대에 와서는 불확실한 여러 가지 시도로 표현되고 있는 것에 대해서는 Chomsky, *New Horizons in the Study of Language and Mind*, 79-80, 144-45와 5장, 6장 전반 (reprinted from *Mind* 104 [1995]: 1-61).

44 조지프 블랙에 대해서는 Robert E. Schofield, *Mechanism and Materialism: British Natural Philosophy in an Age of Reason* (Princeton, N.J.: Princeton University Press, 1970), 226; William Brock, *The Norton History of Chemistry* (New York: Norton, 1993), 271; and Arnold Thackray, *Atoms and Powers* (Cambridge, Mass.: Harvard University Press, 1970), 37-38, 276-77.

45 Brock, *Norton History of Chemistry*. 출처와 더 자세한 논의는 Chomsky, *New Horizons in the Study of Language and Mind*; 놈 촘스키,《언어지식》; David Lindley, *Boltzmann's Atom: The Great Debate That Launched a Revolution in Physics* (New York: Free Press, 2001). 일부에서는 양자 이론에 따른 통합이 성공적이더라도 "어떤 의미에서 화학을 [새로운] 물리학으로 환원하는 계획은 실패"라며 그 이유 중 하나는 "직접적으로 다룰 수 없다는 현실적인 문제"라고 주장한다. (Maureen Christie and John Christie, "'Laws' and 'Theories' in Chemistry Do Not Obey the Rules," in *Of Minds and Molecules: New Philosophical Perspectives on Chemistry*, ed. Nalin Bhushan and Stuart Rosenfield [Oxford: Oxford University Press, 2000], 34-50).

46 Russell, *Analysis of Matter*, 388.

47 주39 참조. 간혹 오해와 왜곡이 비현실적인 수준에 이를 때도 있다. 충격적인 사례에 대해서는 Noam Chomsky, "Symposium on Margaret Boden, Mind as Machine: A History of Cognitive Science, Oxford, 2006," *Artificial Intelligence* 171 (2007): 1094-1103 참조. '경직성 법칙과 [시몬] 울만의 정리'에 대해서는 Hoffman, *Visual Intelligence*, 159 참조. 이 법칙을 의식할 수 없다는 건 말할 것도 없는 사실이다.

48 Vernon B. Mountcastle, "Brain Science at the Century's Ebb," in "The Brain," special issue, *Dædalus* 127, no. 2 (1998): 1. 자료는 Chomsky, *New Horizons in the Study of Language and Mind*, chap. 5.

49 Joseph Priestley, "Materialism," from *Disquisitions Relating to Matter and Spirit* (1777), in Priestley's *Writings on Philosophy, Science, and Politics*, ed. John Passmore

(New York: Collier-Macmillan, 1965).

50 비슷한 생각들이 뉴턴 이전에도 등장한다. 특히 《성찰에 대한 반론Objections to the Medita-
tions》에서 비평가들은 데카르트가 어떻게 "신의 계시도 받지 않고 … 신이 특정한 물체에 의
심하고 생각하는 등의 능력이나 속성을 심지 않았다"라는 것을 알 수 있는지 의문을 제기한다.
(Catherine Wilson, "Commentary on Galen Strawson," in Strawson et al., *Conscious-
ness and Its Place in Nature*, 178).

51 Priestley, "Materialism." 나중에 밝힌 의견에 대해서는 Yolton, *Thinking Matter*, 113 참조.
이보다 한 세기 앞서서 줄리앙 오프리 드 라 메트리Julien Offrey de La Mettrie가 비슷한 결
론에 이르렀다. 그러나 큰 틀이 달랐으며 데카르트의 주장을 다루지도 않았다. 길버트 라일을
비롯한 근대에 있었던 다른 시도들도 마찬가지다. 이에 대한 논의는 Chomsky, *Cartesian
Linguistics* 참조.

52 이에 대한 구체적인 논의와 설명은 Chomsky, New Horizons in the Study of Language
and Mind 참조. "하이퍼 이원론"에 대해서는 Galen Strawson, "Realistic Monism: Why
Physicalism Entails Panpsychism," in Strawson et al., *Consciousness and Its Place in
Nature*, 3-31 참조.

53 Thackray, *Atoms and Powers*, 190. 프리스틀리가 "뉴턴주의의 입지가 이렇게 극단적으로
발전하는 것"을 반긴 것은 주로 신학적인 이유 때문이었다고 태크레이는 판단한다.

54 Yolton, *Thinking Matter*, 114.

55 위의 책, 125. 자세한 논의는 5장과 6장에 있다. 욜튼은 "영국에는 라 메트리 같은 인물이 없었
다"라고 말하지만, 그건 라 메트리의 업적을 과대평가한 것이라고 나는 생각한다. 주51 참조.

56 Nagel, "O'Shaughnessy: The Will," in *Other Minds*, 94.

57 Strawson, "Realistic Monism" and "Panpsychism: Reply to Commentators with a Cele-
bration of Descartes," in Strawson et al., *Consciousness and Its Place in Nature*, 3-31,
184-280. Printers errors corrected (Strawson, pers. comm.). 더 자세한 논의는 이 책의 다
른 논문들을 보면 알 수 있다.

58 Strawson, "Realistic Monism," "Panpsychisms," and commentary.

59 Noam Chomsky, *Aspects of the Theory of Syntax* (Cambridge, Mass.: MIT Press, 1965),
199-200; 더 폭넓은 논의는 Chomsky, *Cartesian Linguistics* 참조. 리드 등이 제기한 경험
주의 이론에 대한 정확한 해석은 John Yolton, *Perceptual Acquaintance from Descartes
to Reid* (Minneapolis: University of Minnesota Press, 1984), chap. 5 참조.

60 Stephen Yablo, "The Real Distinction Between Mind and Body," *Canadian Journal of
Philosophy*, suppl. 16 (1990): 149-201.

61 Quotations from Strawson, "Realistic Monism" and "Panpsychism."

62 Quotations in this paragraph from Daniel Stoljar, "Physicalism," in The Stanford Ency-

촘스키, 인간이란 어떤 존재인가

clopedia of Philosophy (Spring 2001 ed.), ed. Edward N. Zalta, http://plato.stanford.edu/archives/spr2001/entries/physicalism/.

63 Stoljar, *Ignorance and Imagination*, 56, 58.

64 위의 책, 17ff, 56-57, 104. 스톨자는 '전통적인 문제'가 《성찰에 대한 반론》에서 출발하기에 (45), 과학의 문제가 아니라고 이해한다. 관습적인 이해 방식이지만 이미 언급한 이유들을 감안하면 의심스러운 부분이다.

65 같은 책, 4장.

66 Daniel Stoljar, "Comments on Galen Strawson," in Strawson et al., *Consciousness and Its Place in Nature*, 170-76.

67 Strawson, "Realistic Monism," 11n.21.

68 John A. Wheeler, *At Home in the Universe* (New York: American Institute of Physics, 1994); H. P. Stapp, "Commentary on Strawson's Target Article," in Strawson et al., *Consciousness and Its Place in Nature*, 163-69.

69 Stoljar, *Ignorance and Imagination*, 139.

70 Richard C. Lewontin, "The Evolution of Cognition: Questions We Will Never Answer," in *Methods, Models, and Conceptual Issues*, ed. Scarborough and Sternberg, 107-32.

71 Chomsky, *Cartesian Linguistics*, 94ff. '인지 능력'의 역할에 대한 데카르트주의와 신플라톤주의의 해석은 James McGilvray, "Introduction to the Third Edition," in Chomsky, *Cartesian Linguistics*, 1-52 참조. 지칭에 관한 고찰과 자료는 Chomsky, *New Horizons in the Study of Language and Mind* 참조, 샤프츠베리, 흄, 그외 다른 선구자에 대해서는 Mijuskovic, *Achilles of Rationalist Arguments* 참조.

72 이 문제에 관한 오해에 대해서는 Noam Chomsky, "A Note on the Creative Aspect of Language Use," *Philosophical Review* 41, no. 3 (1982): 423-34 참조.

찾아보기

촘스키, 인간이란 어떤 존재인가

촘스키, 인간이란 어떤 존재인가

초판 1쇄 발행 2017년 1월 10일 | 초판 5쇄 발행 2023년 11월 23일

지은이 노엄 촘스키
옮긴이 구미화
감　수 조숙환

펴낸이 신광수
CS본부장 강윤구 | 출판개발실장 위귀영 | 디자인실장 손현지
단행본팀 김혜연, 조문채, 정혜리, 권병규
출판디자인팀 최진아, 당승근 | 저작권 김마이, 이아람
출판사업팀 이용복, 민현기, 우광일, 김선영, 신지애, 허성배, 이강원, 정유, 설유상, 정슬기, 정재욱,
　　　　　박세화, 김종민, 전지현
영업관리파트 홍주희, 이은비, 정은정
CS지원팀 강승훈, 봉대중, 이주연, 이형배, 전효정, 이우성, 신재윤, 장현우, 정보길

펴낸곳 (주)미래엔 | 등록 1950년 11월 1일(제16-67호)
주소 137-905 서울특별시 서초구 신반포로 321
미래엔 고객센터 1800-8890
팩스 (02)541-8249 | 이메일 bookfolio@mirae-n.com
홈페이지 www.mirae-n.com

ISBN　978-89-378-8923-3 03300

* 북폴리오(혹은 와이즈베리)는 ㈜미래엔의 성인단행본 브랜드입니다.

* 책값은 뒤표지에 있습니다.

* 파본은 구입처에서 교환해 드리며, 관련 법령에 따라 환불해 드립니다.
　다만, 제품 훼손 시 환불이 불가능합니다.

와이즈베리는 참신한 시각, 독창적인 아이디어를 환영합니다.
기획 취지와 개요, 연락처를 bookfolio@mirae-n.com으로 보내주십시오.
와이즈베리와 함께 새로운 문화를 창조할 여러분의 많은 투고를 기다립니다.

「이 도서의 국립중앙도서관 출판시도서목록(CIP)은 서지정보유통지원시스템 홈페이지(http://seoji.nl.go.kr)와
국가자료공동목록시스템(http://www.nl.go.kr/kolisnet)에서 이용하실 수 있습니다.
(CIP제어번호: CIP2016030906)」